Practical Mates

I0018652

Copyright © 2018 Lyudmil Tsvetkov

Contents

Foreword

Chess starts with learning mate patterns. Once you deliver your first mate and you start playing real chess. Although many other aspects are important, you can not progress, if you don't know the basic mates.

This book includes 500 practical chess mates, ranging from 1 to 5 moves in length. Why are they practical? Well, because they stem from real games. Because they are the most frequently encountered patterns over the board. And because main lines and subvariations are explained alike, which should be of definite help for the better overall understanding of the concrete positions.

Some say getting a good book on mating patterns will make you good in delivering mate. No, solving as many puzzles as possible will. There is no such thing as the existence of a small set of the most important mating patterns, which will make you good after you learn them all. The patterns arise from the combinations of different friendly and opponent pieces on different squares and those are endless. There are almost as many mates possible as there are variations in chess. Metaphorically speaking. So, learning a small set will not make you good. Training a lot will.

While I was browsing the different games, I was surprised to see even strong and very strong players, even GMs close to 2700, frequently miss, if not the winning combination, then at least the shortest and most efficient sequence. So that, even top GMs have difficulties finding the perfect mate. On occasion, this costs also points.

As important subvariations are always shown, mate length is determined by the number of moves in the longest subvariation.

When looking for mate look for 2 things: many pieces attacking the king or the king, even though not amply attacked, having no or few escape squares. One of the 2 conditions will suffice to deliver mate.

Credit goes to KingBase for the accessibility of the raw games.

April 2018

Mate in 1

1) Black to play

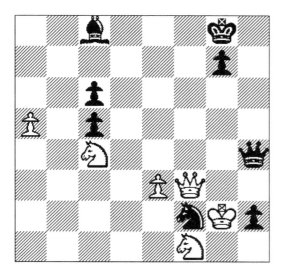

3) Black to play

2) Black to play

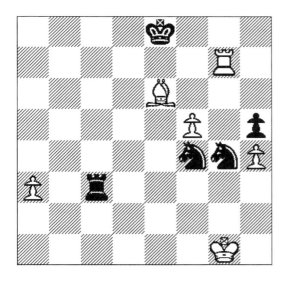

4) Black to play

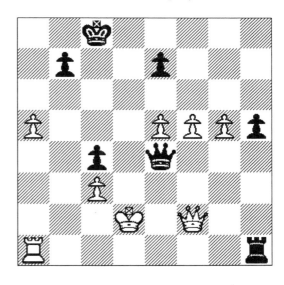

5) White to play

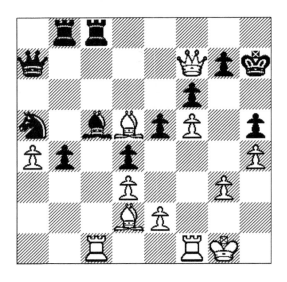

7) White to play

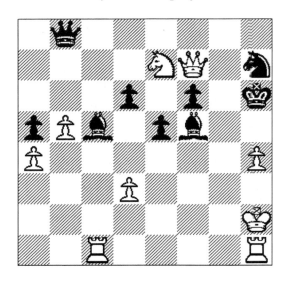

6) Black to play

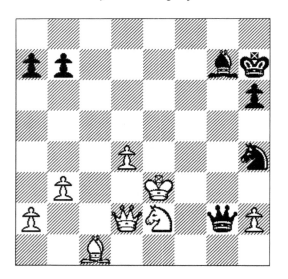

8) Black to play

9) Black to play

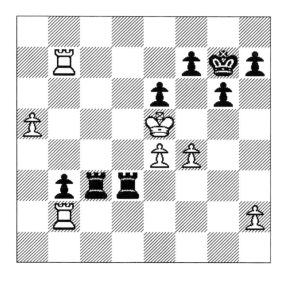

11) Black to play

10) White to play

12) Black to play

13) Black to play

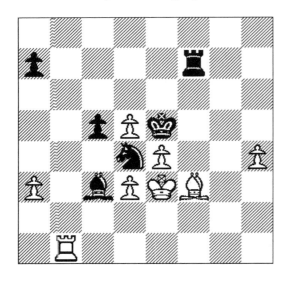

15) Black to play

14) White to play

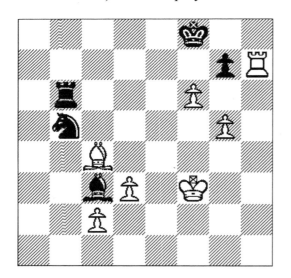

16) White to play

17) Black to play

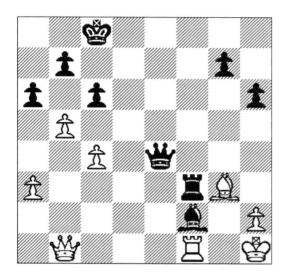

18) Black to play

19) Black to play

20) Black to play

21) Black to play

23) Black to play

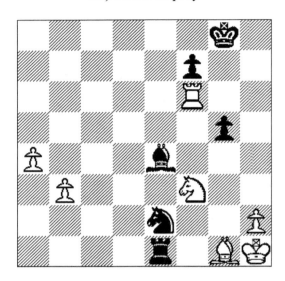

22) White to play

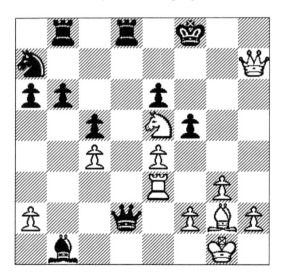

24) Black to play

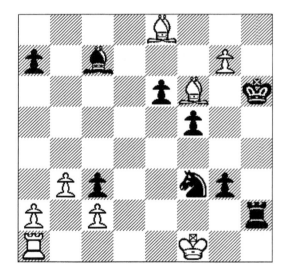

25) White to play

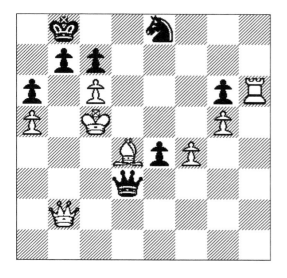

27) White to play

26) Black to play

28) Black to play

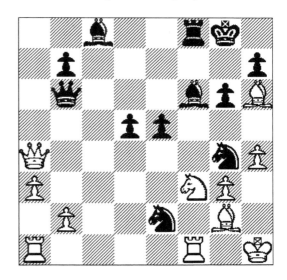

29) White to play

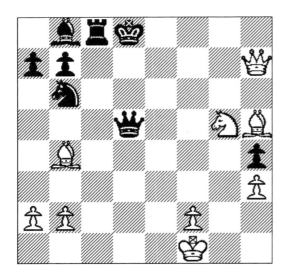

31) Black to play

30) Black to play

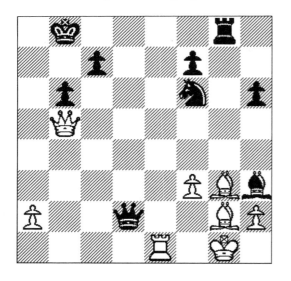

32) Black to play

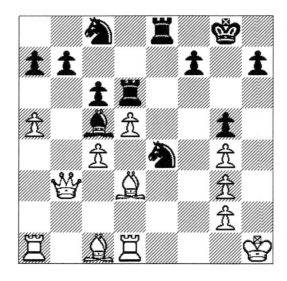

33) Black to play

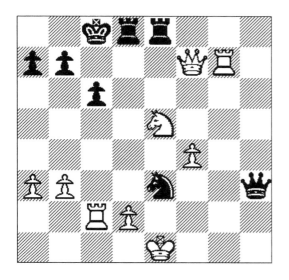

35) White to play

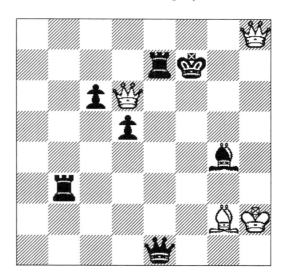

34) White to play

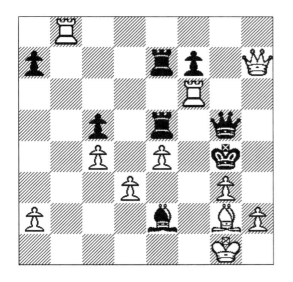

36) Black to play

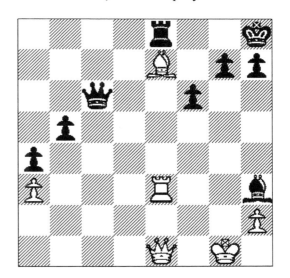

37) White to play

39) White to play

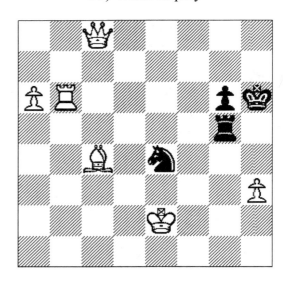

38) White to play

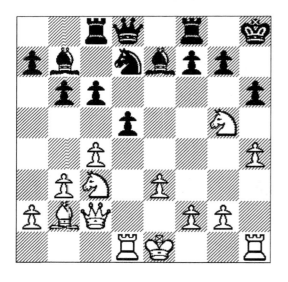

40) White to play

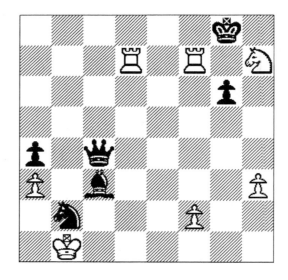

41) Black to play

43) White to play

42) White to play

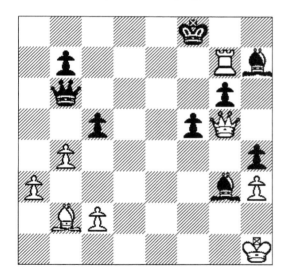

44) Black to play

45) Black to play

47) White to play

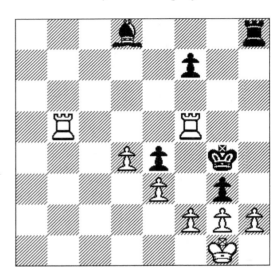

46) White to play

48) White to play

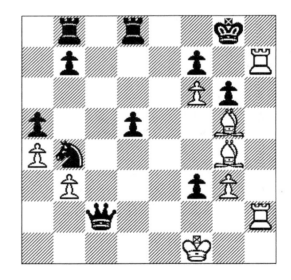

49) Black to play

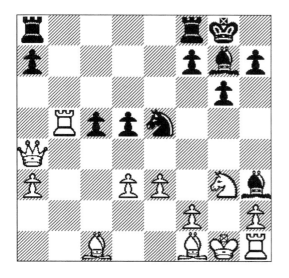

51) White to play

50) White to play

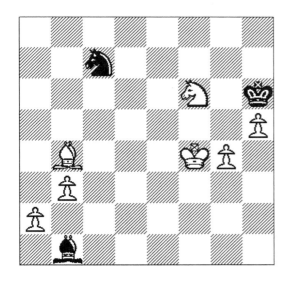

52) Black to play

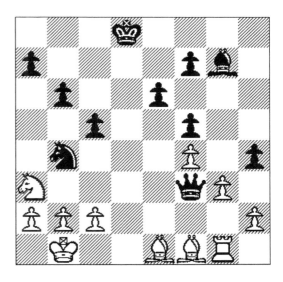

53) Black to play

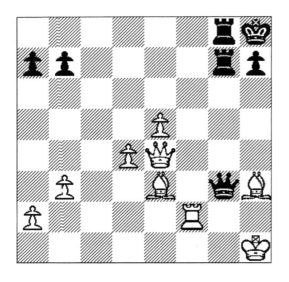

55) White to play

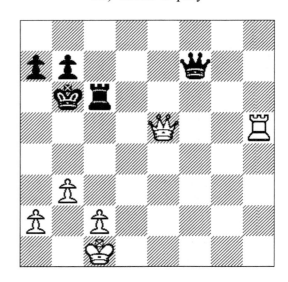

54) White to play

56) Black to play

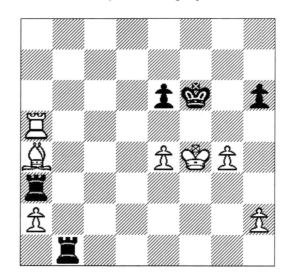

57) Black to play

59) White to play

58) White to play

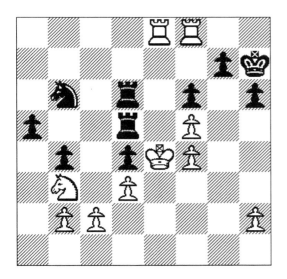

60) Black to play

61) White to play

63) White to play

62) White to play

64) White to play

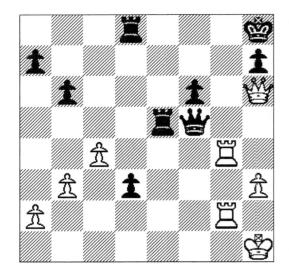

18

65) Black to play

67) White to play

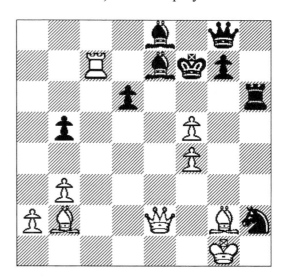

66) Black to play

68) White to play

69) Black to play

71) White to play

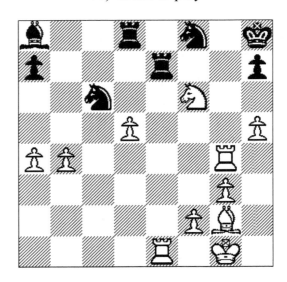

70) White to play

72) White to play

73) White to play

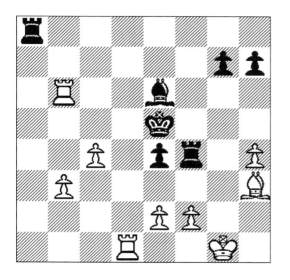

75) Black to play

74) Black to play

76) Black to play

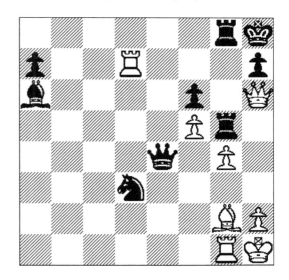

77) White to play

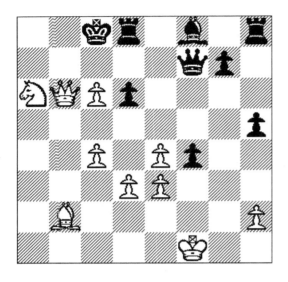

79) Black to play

78) White to play

80) White to play

81) White to play

83) White to play

82) Black to play

84) White to play

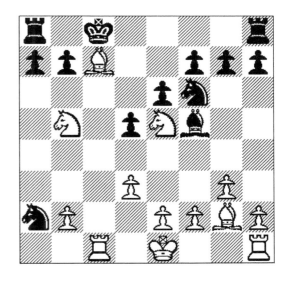

85) Black to play

87) Black to play

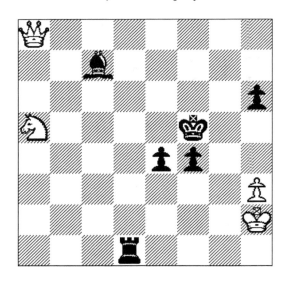

86) White to play

88) White to play

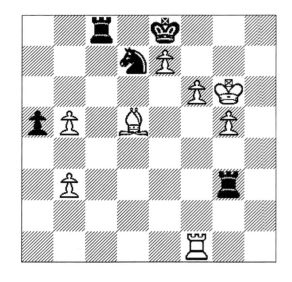

89) White to play

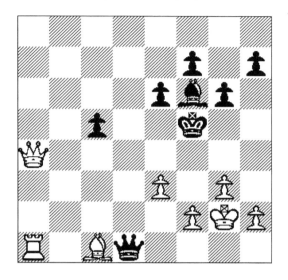

91) White to play

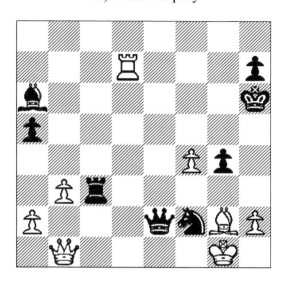

90) Black to play

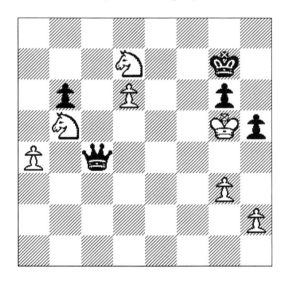

92) Black to play

93) White to play

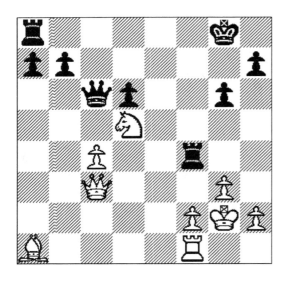

95) Black to play

94) White to play

96) White to play

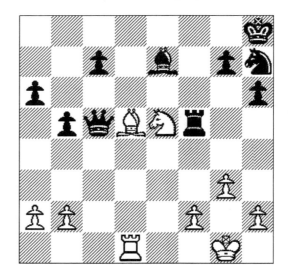

97) White to play

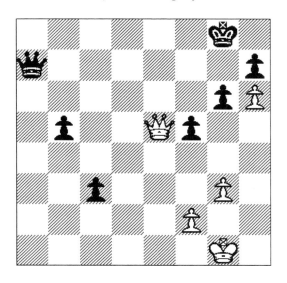

99) Black to play

98) Black to play

100) White to play

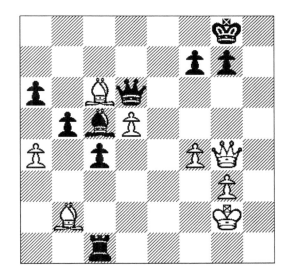

101) White to play

103) White to play

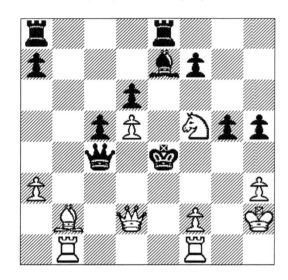

Mate in 2

102) Black to play

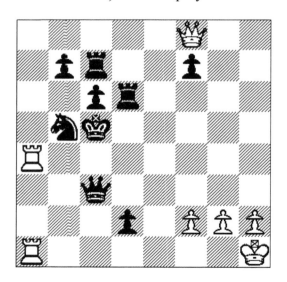

104) Black to play

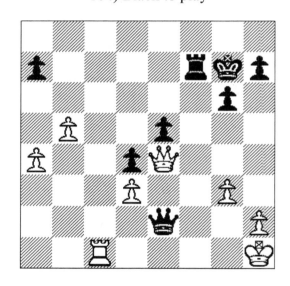

105) White to play

107) White to play

106) White to play

108) Black to play

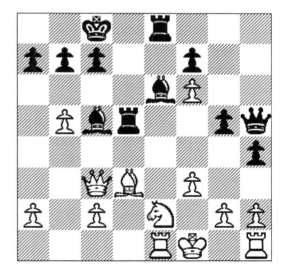

29

109) White to play

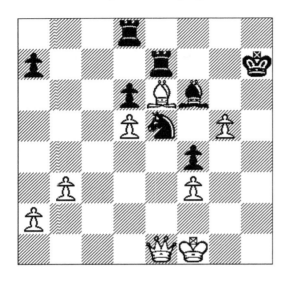

111) White to play

110) White to play

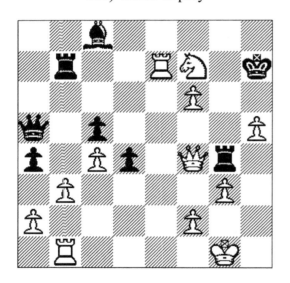

112) Black to play

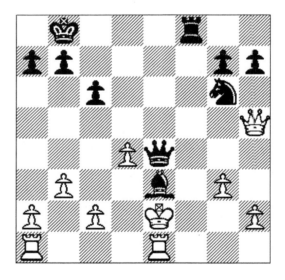

113) White to play

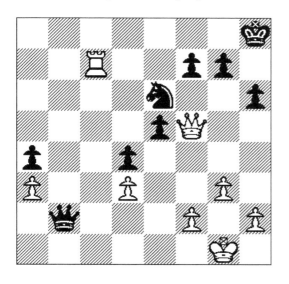

115) Black to play

114) Black to play

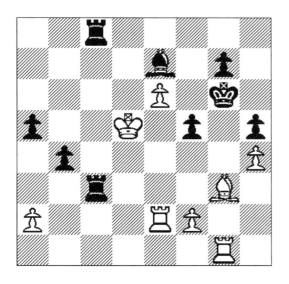

116) Black to play

117) Black to play

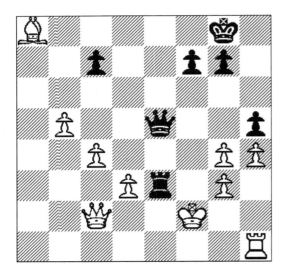

119) White to play

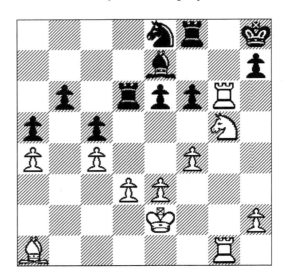

118) White to play

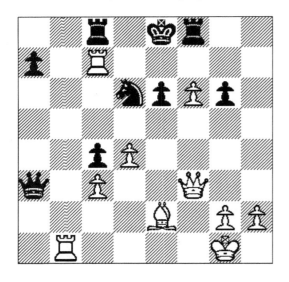

120) White to play

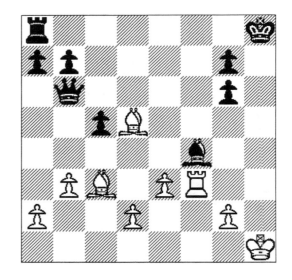

121) Black to play

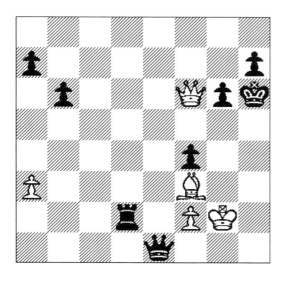

122) White to play

123) White to play

124) White to play

125) White to play

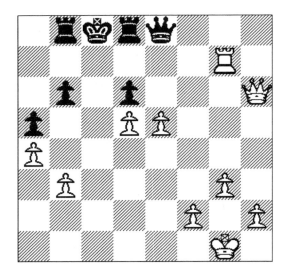

127) Black to play

126) Black to play

128) White to play

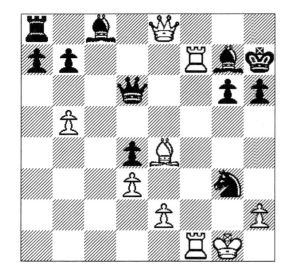

129) Black to play

131) Black to play

130) White to play

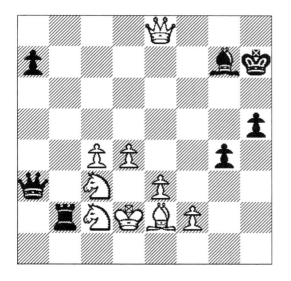

132) White to play

133) White to play

135) Black to play

134) White to play

136) White to play

137) White to play

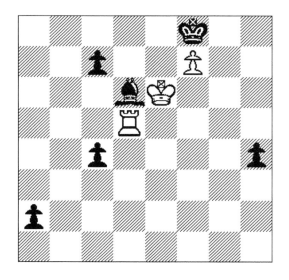

139) White to play

138) Black to play

140) White to play

141) Black to play

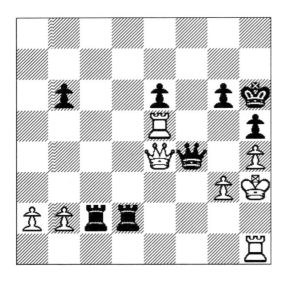

143) White to play

142) White to play

144) White to play

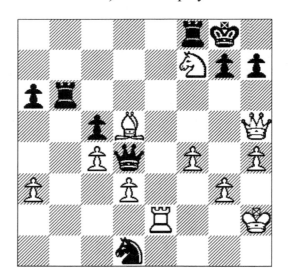

145) White to play

147) Black to play

146) White to play

148) Black to play

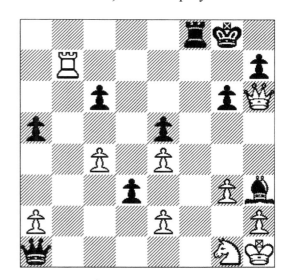

149) White to play

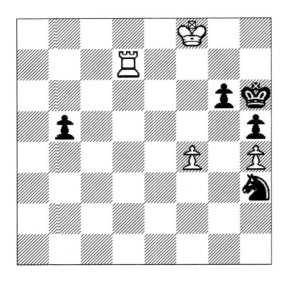

151) Black to play

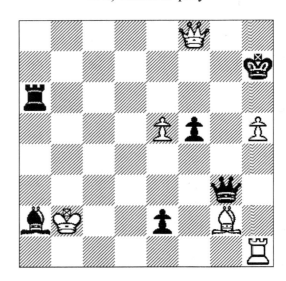

150) Black to play

152) Black to play

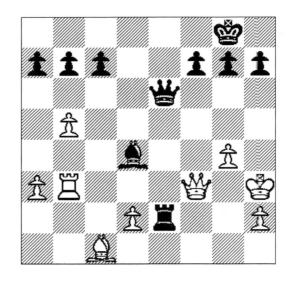

40

153) White to play

155) Black to play

154) Black to play

156) White to play

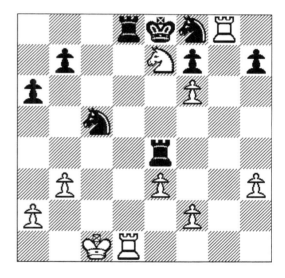

157) White to play

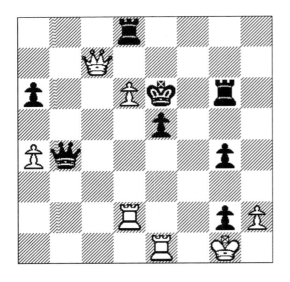

159) White to play

158) Black to play

160) White to play

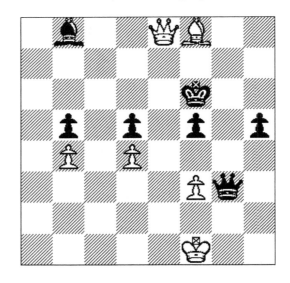

161) White to play

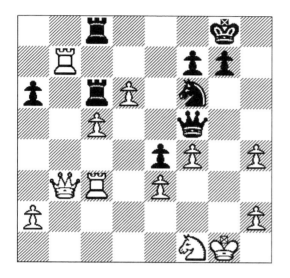

163) Black to play

162) White to play

164) Black to play

165) Black to play

167) Black to play

166) White to play

168) White to play

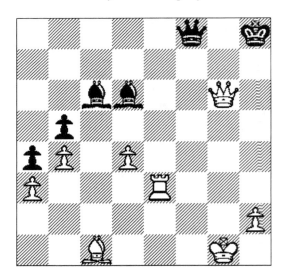

169) White to play

171) Black to play

170) Black to play

172) Black to play

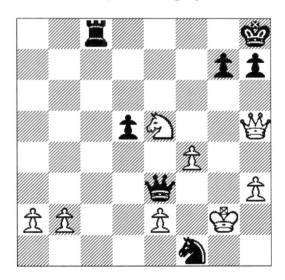

173) White to play

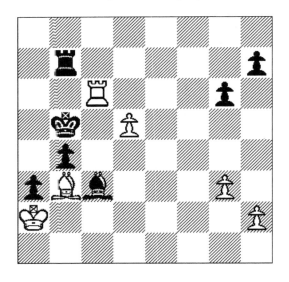

175) White to play

174) Black to play

176) White to play

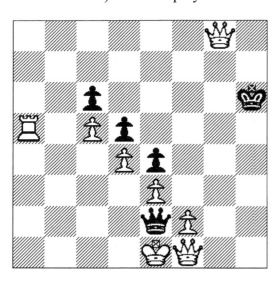

177) White to play

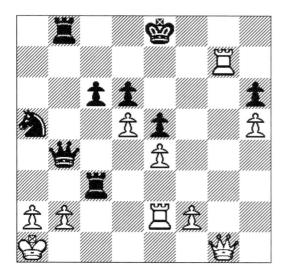

179) White to play

178) Black to play

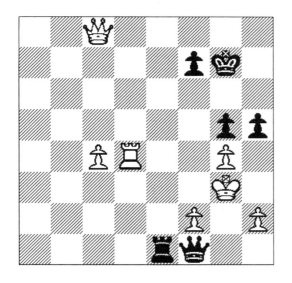

180) Black to play

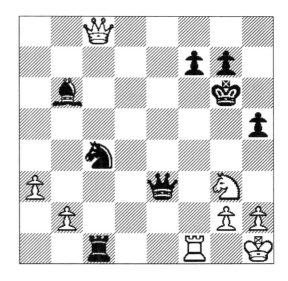

181) White to play

183) White to play

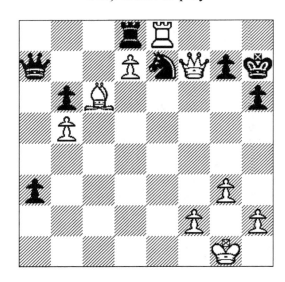

182) White to play

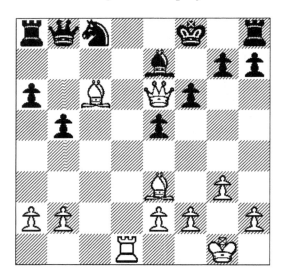

184) Black to play

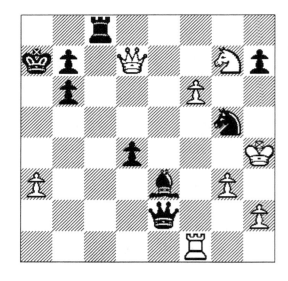

48

185) White to play

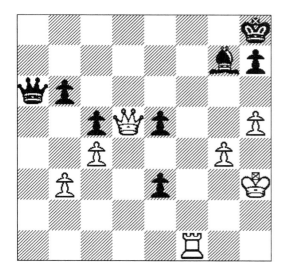

186) Black to play

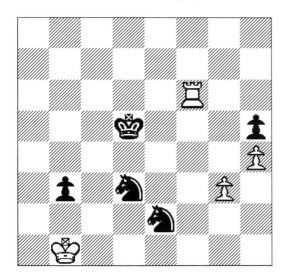

187) Black to play

188) White to play

189) White to play

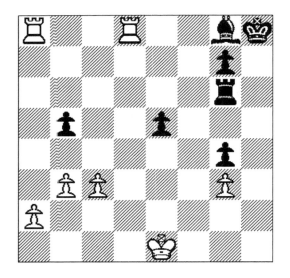

191) Black to play

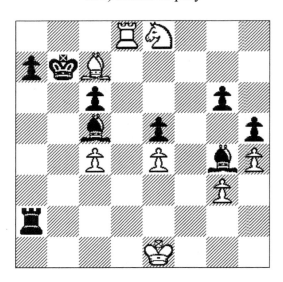

190) White to play

192) White to play

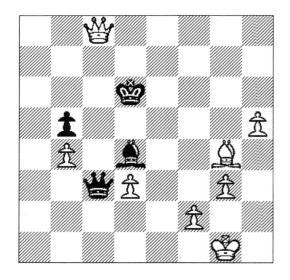

193) White to play

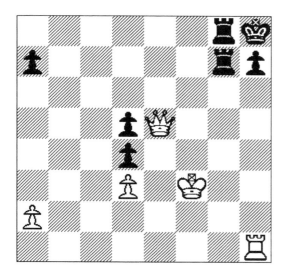

195) Black to play

194) Black to play

196) White to play

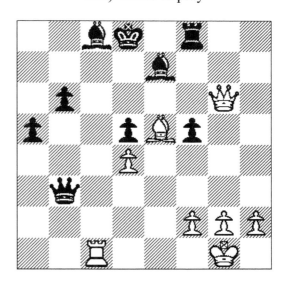

197) White to play

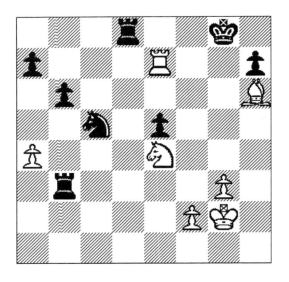

199) White to play

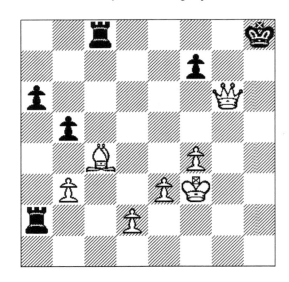

198) White to play

200) White to play

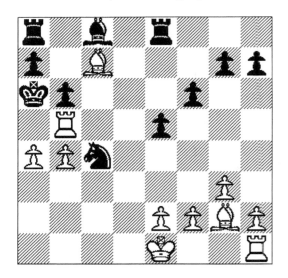

201) White to play

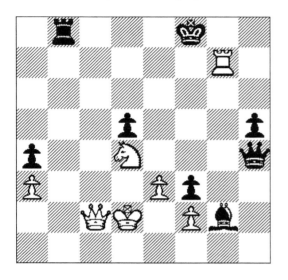

203) White to play

202) White to play

204) White to play

205) Black to play

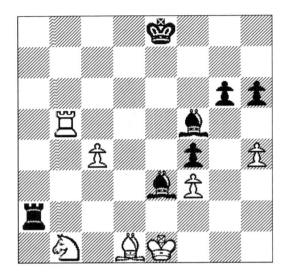

207) Black to play

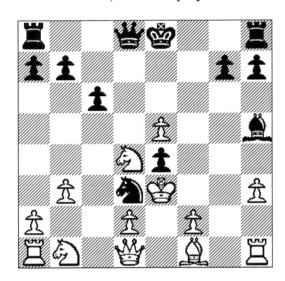

206) Black to play

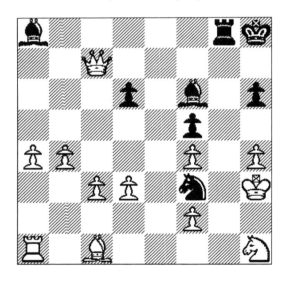

208) White to play

209) White to play

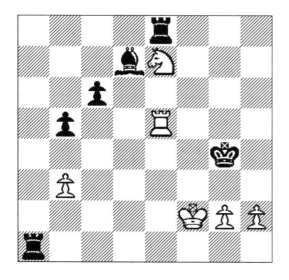

211) White to play

210) Black to play

212) White to play

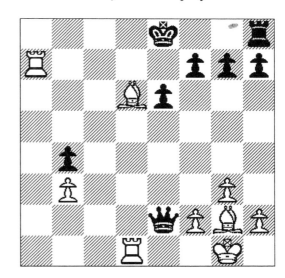

213) Black to play

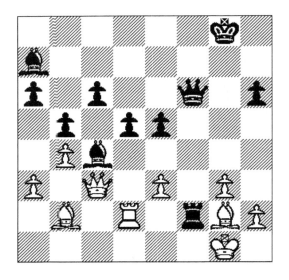

215) Black to play

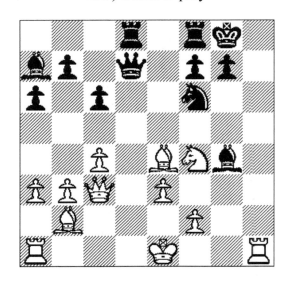

214) White to play

216) Black to play .

217) White to play

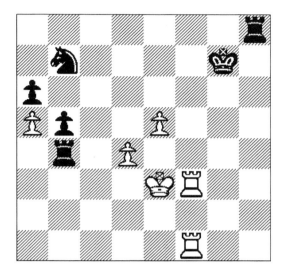

219) Black to play

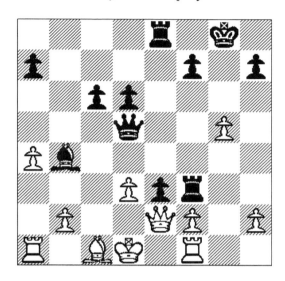

218) Black to play

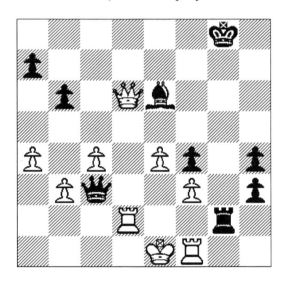

220) Black to play

221) White to play

223) Black to play

222) Black to play

224) Black to play

225) White to play

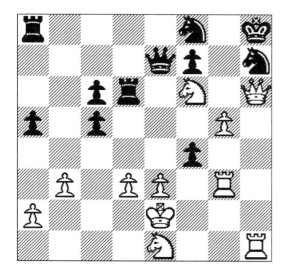

227) Black to play

226) White to play

228) Black to play

229) Black to play

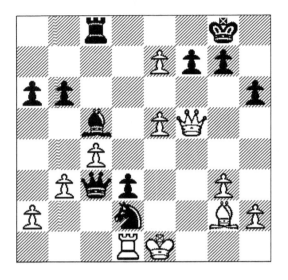

231) Black to play

230) Black to play

232) Black to play

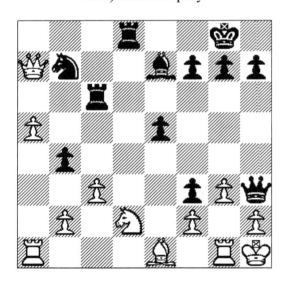

233) White to play

235) White to play

234) Black to play

236) White to play

61

237) White to play

239) White to play

238) White to play

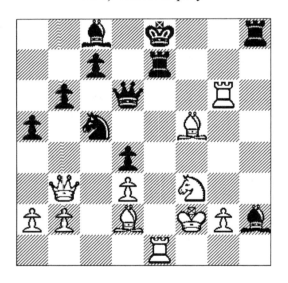

240) Black to play

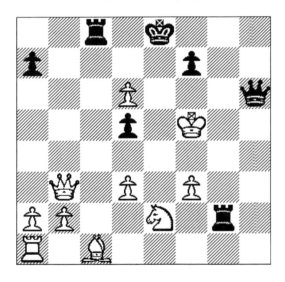

62

Mate in 3

241) White to play

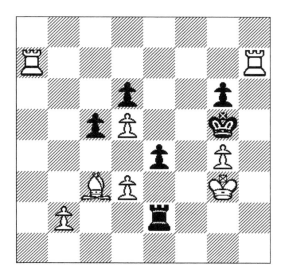

243) White to play

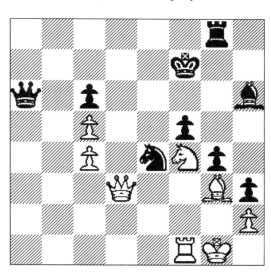

242) Black to play

244) Black to play

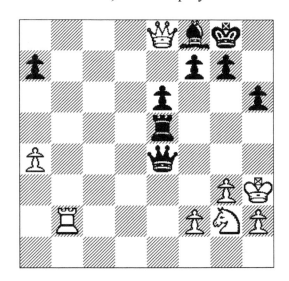

245) White to play

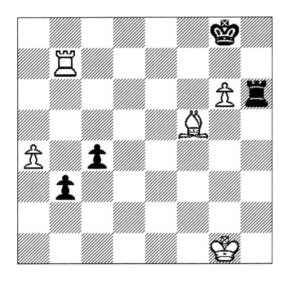

247) Black to play

246) Black to play

248) White to play

249) Black to play

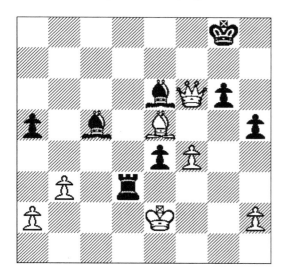

251) White to play

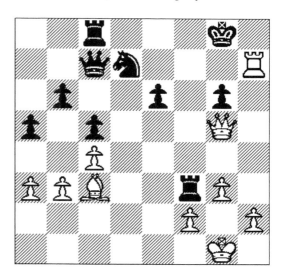

250) Black to play

252) White to play

253) White to play

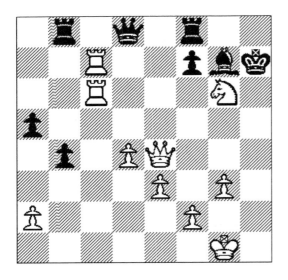

255) White to play

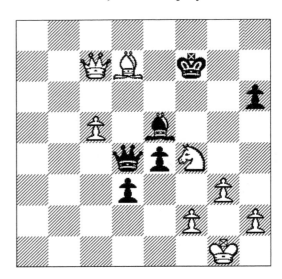

254) White to play

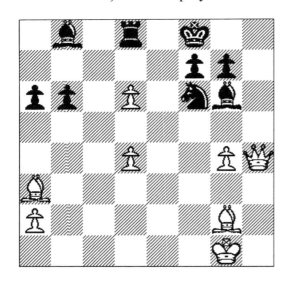

256) Black to play

257) White to play

259) White to play

258) Black to play

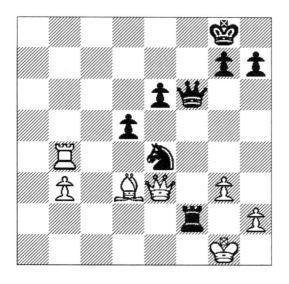

260) White to play

261) Black to play

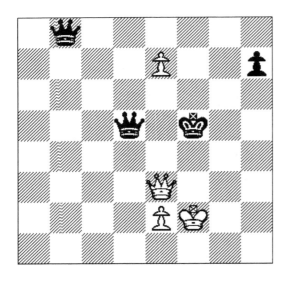

263) Black to play

262) Black to play

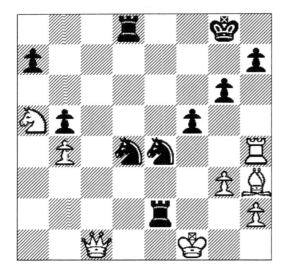

264) White to play

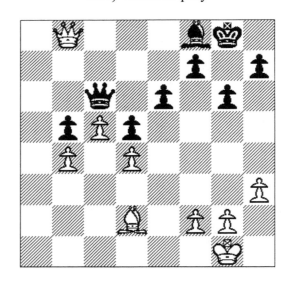

265) Black to play

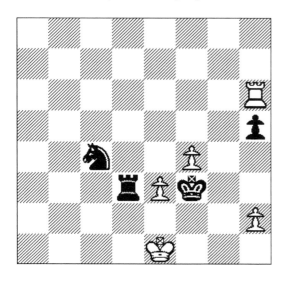

267) White to play

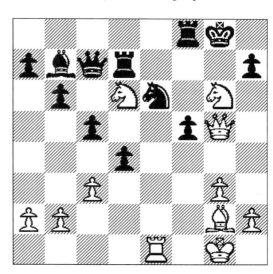

266) Black to play

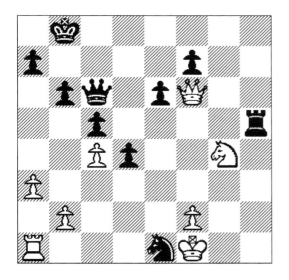

268) Black to play

269) White to play

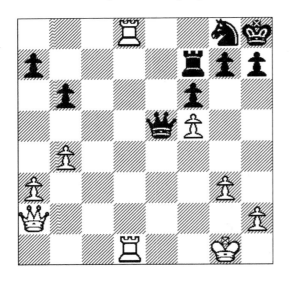

271) White to play

270) White to play

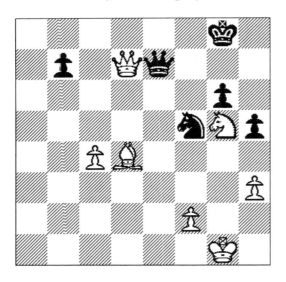

272) Black to play

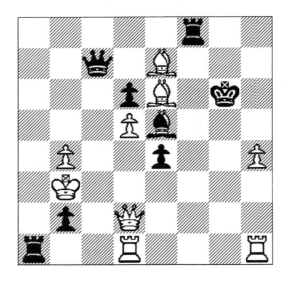

70

273) White to play

275) Black to play

274) Black to play

276) White to play

277) White to play

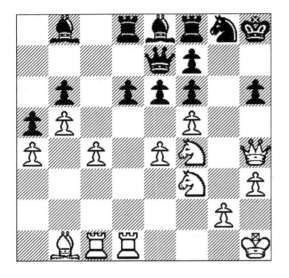

279) Black to play

278) Black to play

280) White to play

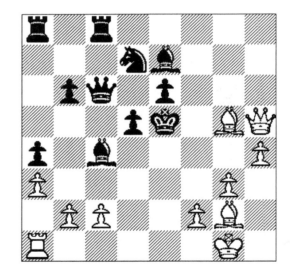

281) White to play

283) White to play

282) White to play

284) White to play

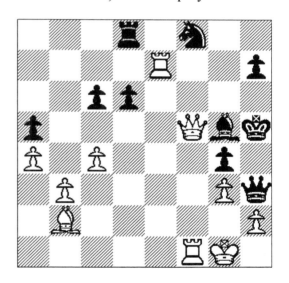

285) White to play

287) White to play

286) White to play

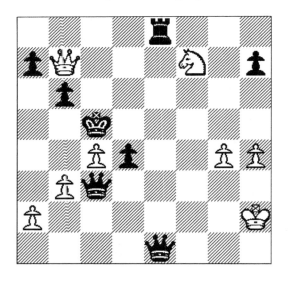

288) White to play

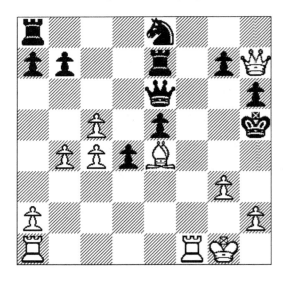

289) White to play

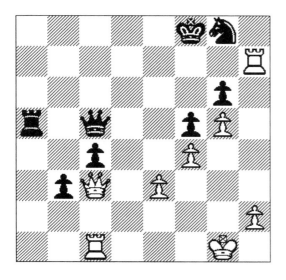

291) Black to play

290) Black to play

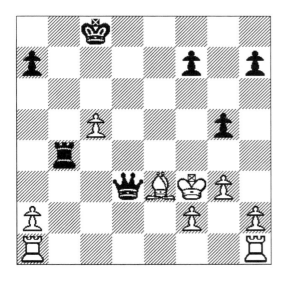

292) White to play

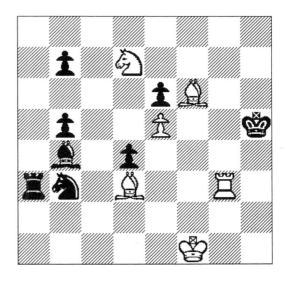

293) Black to play

295) White to play

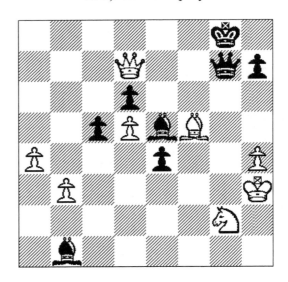

294) White to play

296) White to play

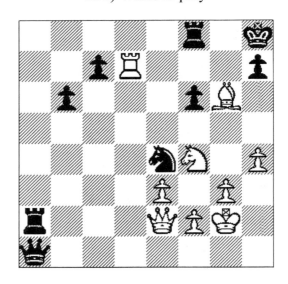

297) Black to play

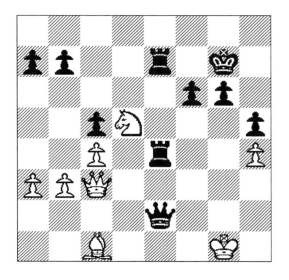

299) White to play

298) White to play

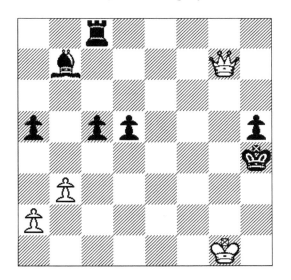

300) Black to play

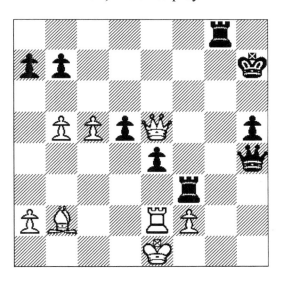

301) Black to play

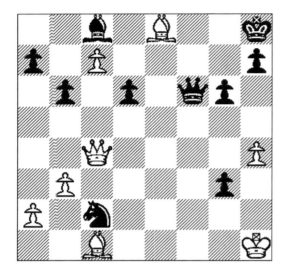

303) Black to play

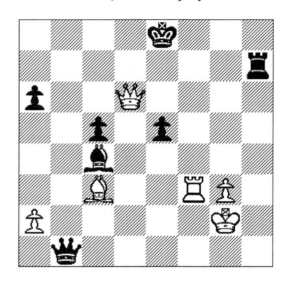

302) White to play

304) White to play

78

305) Black to play

307) White to play

306) White to play

308) White to play

309) White to play

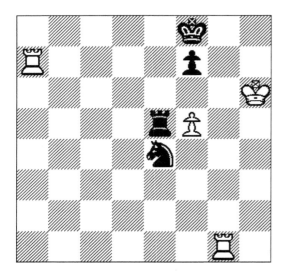

311) White to play

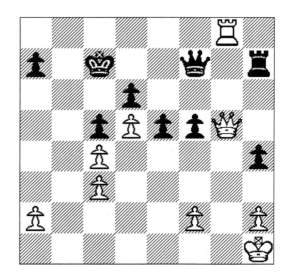

310) White to play

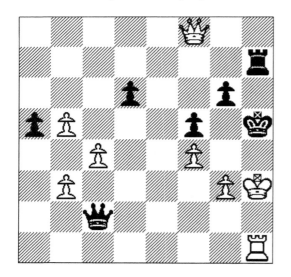

312) Black to play

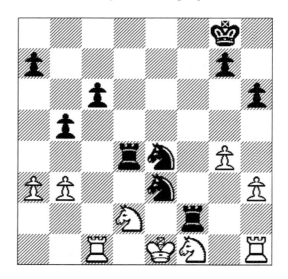

80

313) Black to play

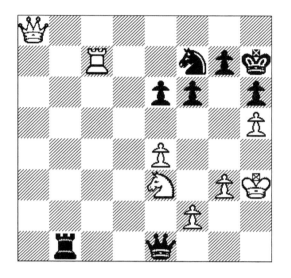

315) White to play

314) Black to play

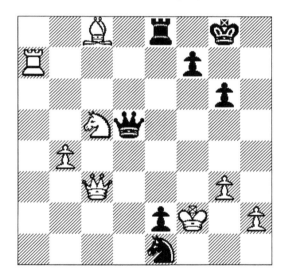

316) Black to play

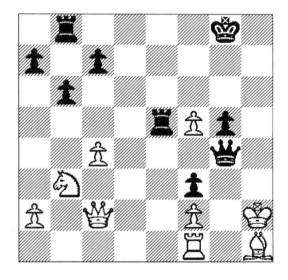

317) White to play

319) Black to play

318) Black to play

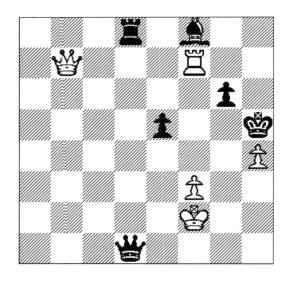

320) White to play

321) White to play

323) White to play

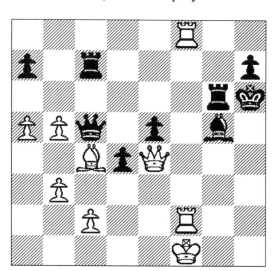

322) Black to play

324) White to play

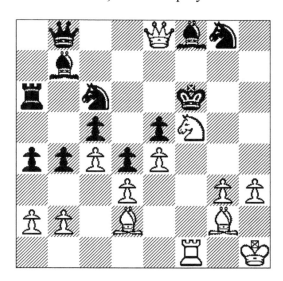

83

325) White to play

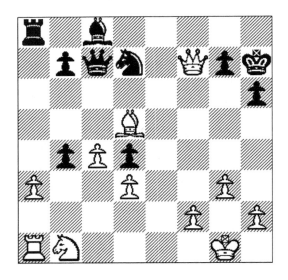

327) White to play

326) White to play

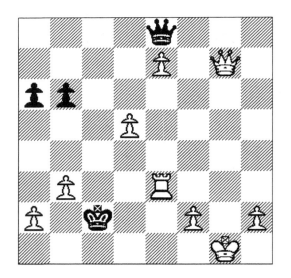

328) White to play

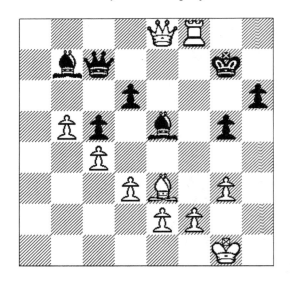

329) Black to play

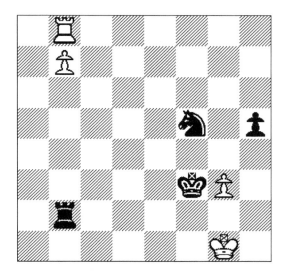

331) White to play

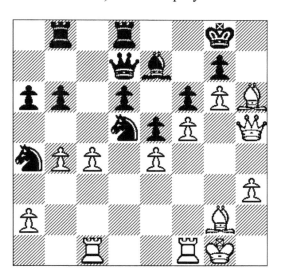

330) Black to play

332) Black to play

333) Black to play

335) White to play

334) Black to play

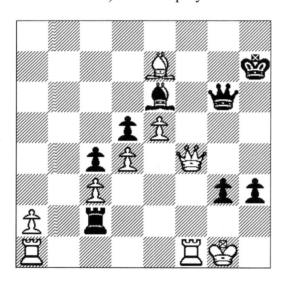

336) White to play

337) White to play

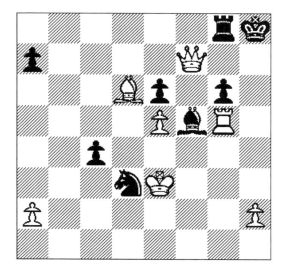

339) Black to play

338) Black to play

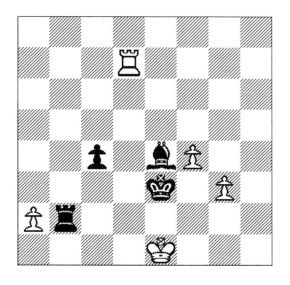

340) White to play

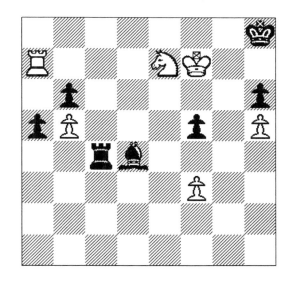

341) White to play

343) White to play

342) Black to play

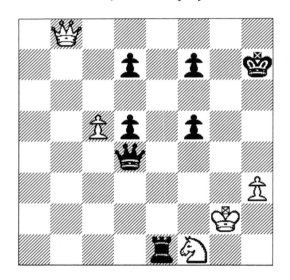

344) White to play

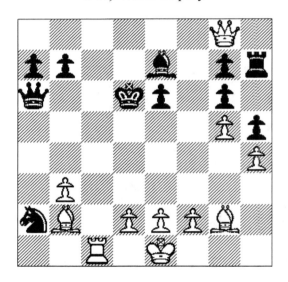

345) White to play

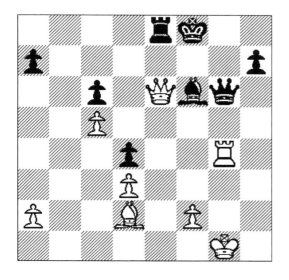

346) White to play

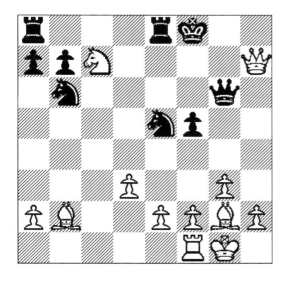

347) Black to play

348) Black to play

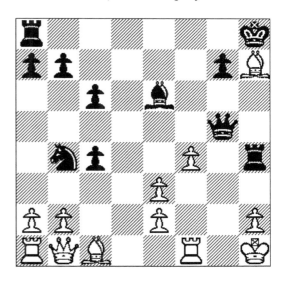

349) White to play

351) Black to play

350) White to play

352) White to play

353) Black to play

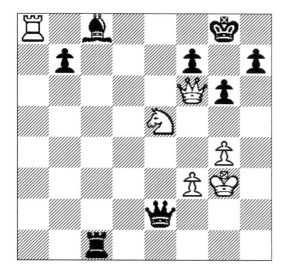

355) Black to play

354) Black to play

356) Black to play

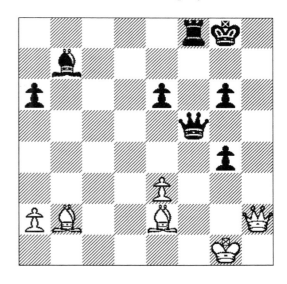

357) White to play

359) White to play

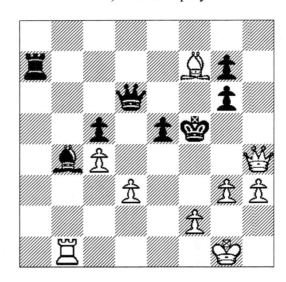

358) White to play

360) White to play

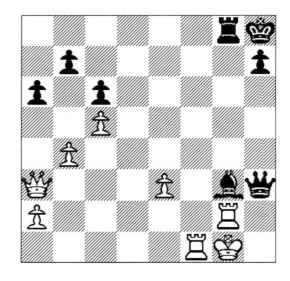

361) White to play

363) Black to play

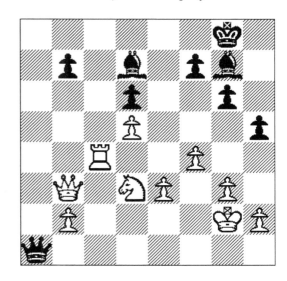

362) White to play

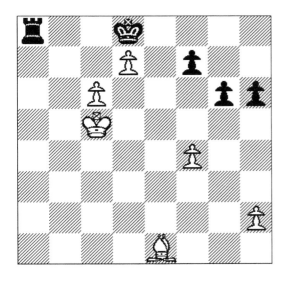

364) Black to play

365) Black to play

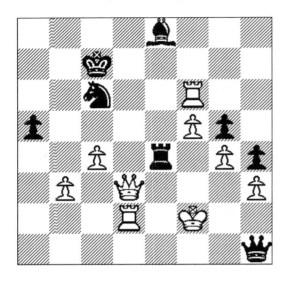

367) Black to play

366) Black to play

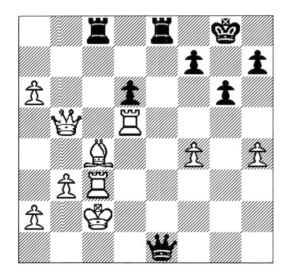

368) Black to play

369) Black to play

371) White to play

370) Black to play

372) White to play

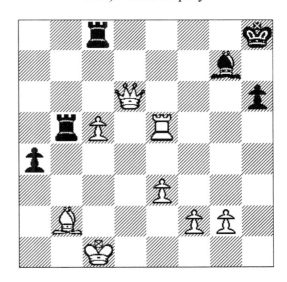

373) White to play

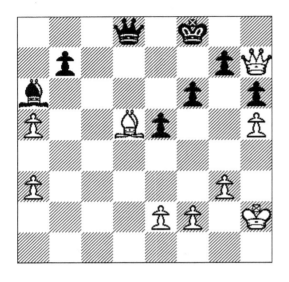

375) Black to play

374) White to play

376) White to play

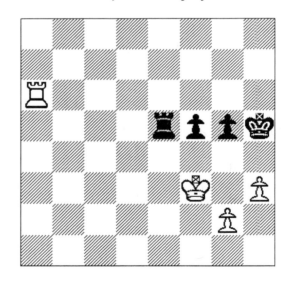

96

377) White to play

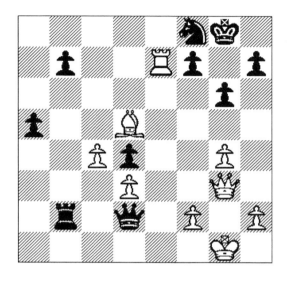

379) Black to play

378) Black to play

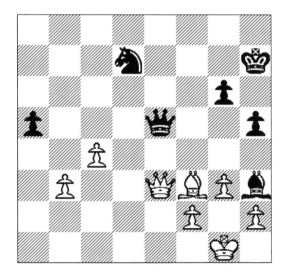

380) White to play

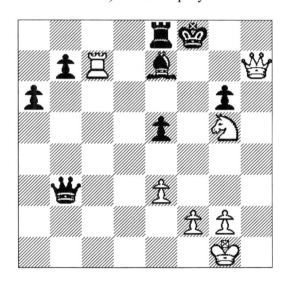

381) White to play

383) Black to play

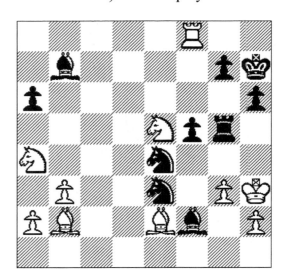

382) White to play

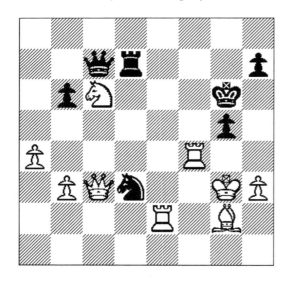

384) Black to play

385) Black to play

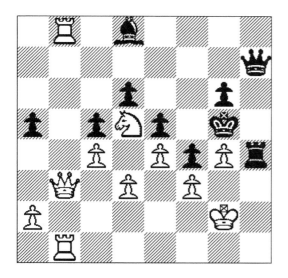

387) Black to play

386) White to play

388) White to play

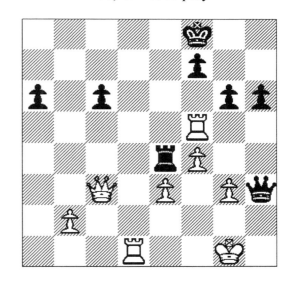

Mate in 4

389) White to play

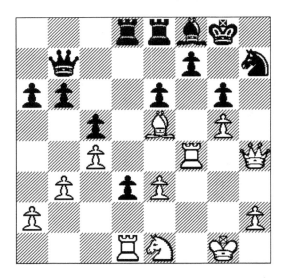

391) White to play

390) White to play

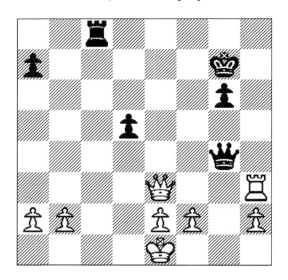

392) White to play

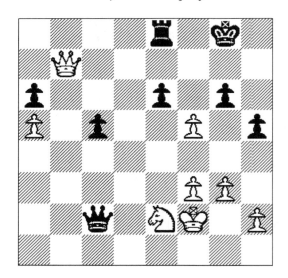

393) Black to play

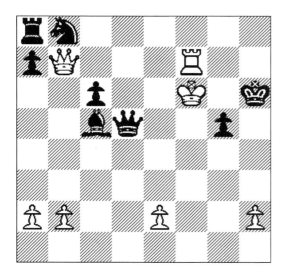

395) White to play

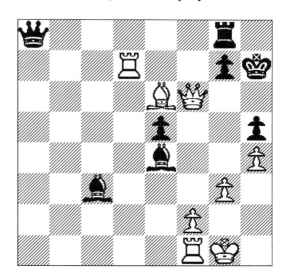

394) Black to play

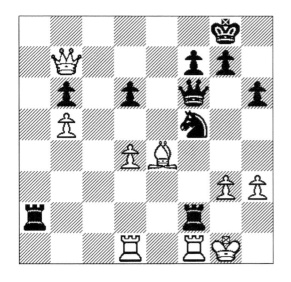

396) White to play

101

397) Black to play

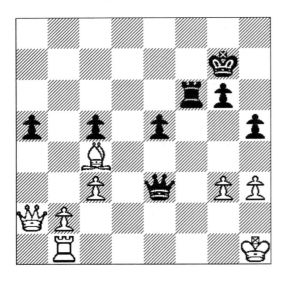

399) White to play

398) White to play

400) Black to play

401) White to play

403) White to play

402) Black to play

404) White to play

405) White to play

407) Black to play

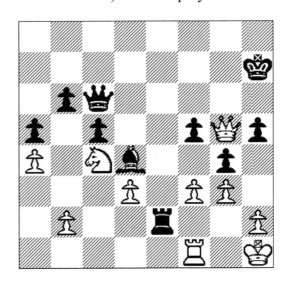

406) White to play

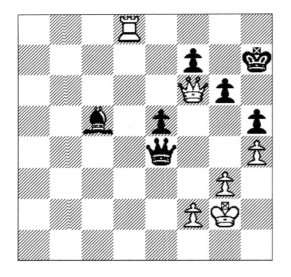

408) Black to play

409) Black to play

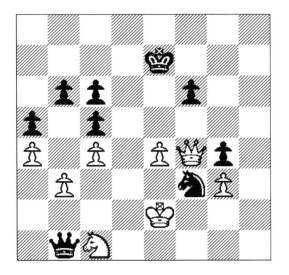

411) Black to play

410) White to play

412) White to play

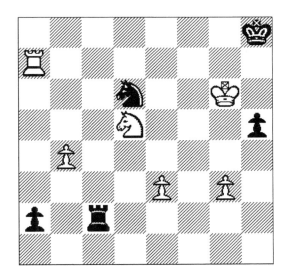

413) Black to play

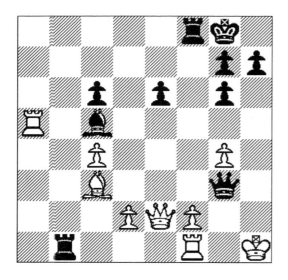

415) Black to play

414) White to play

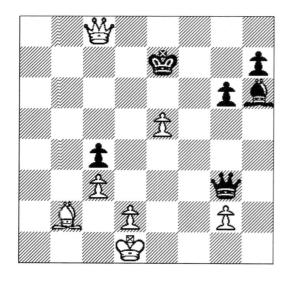

416) White to play

417) White to play

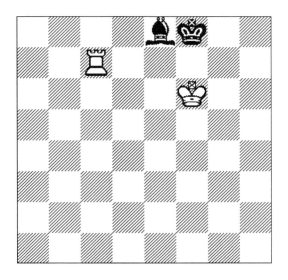

419) White to play

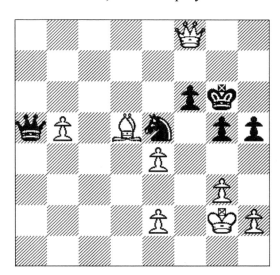

418) Black to play

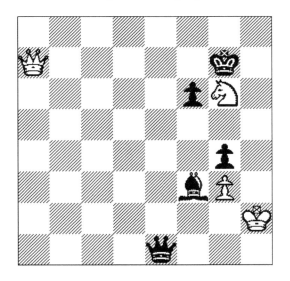

420) White to play

421) White to play

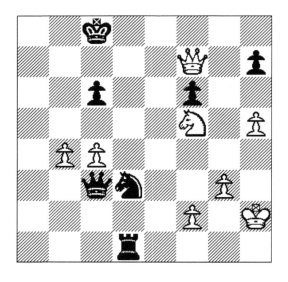

423) Black to play

422) White to play

424) Black to play

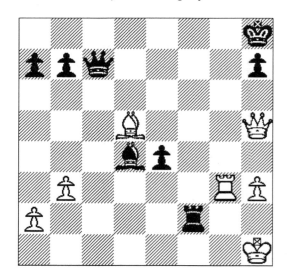

425) White to play

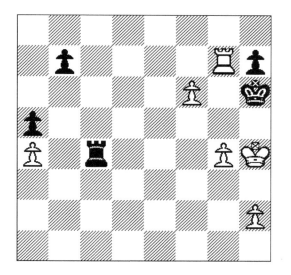

427) Black to play

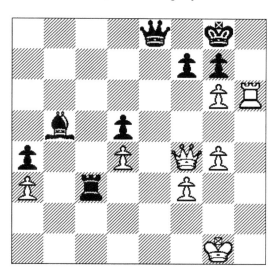

426) White to play

428) White to play

109

429) Black to play

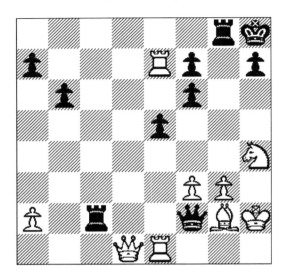

431) Black to play

430) Black to play

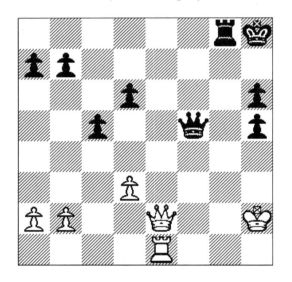

432) Black to play

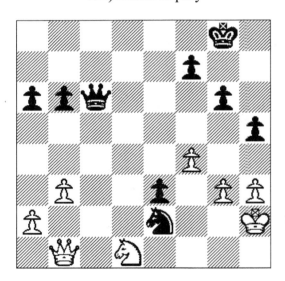

433) White to play

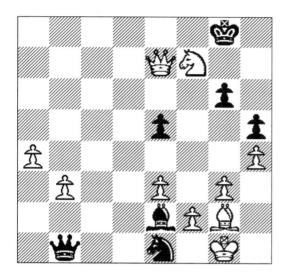

435) White to play

434) Black to play

436) White to play

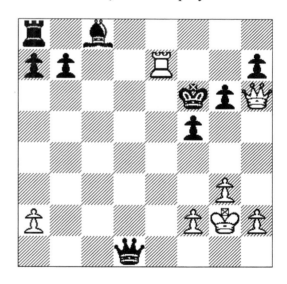

437) White to play

439) White to play

438) Black to play

440) Black to play

441) White to play

443) White to play

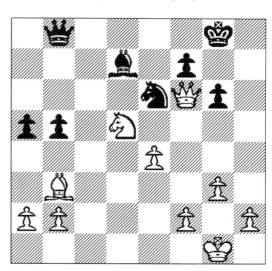

442) Black to play

444) White to play

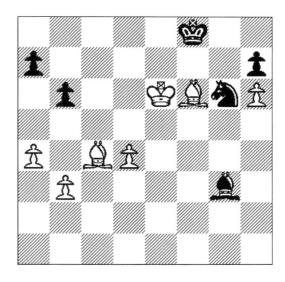

113

445) White to play

447) White to play

446) White to play

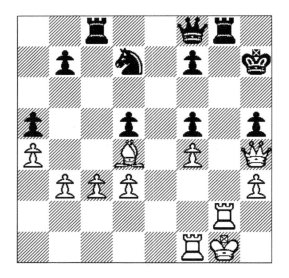

448) Black to play

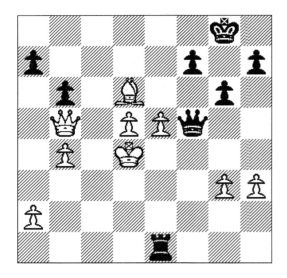

449) Black to play

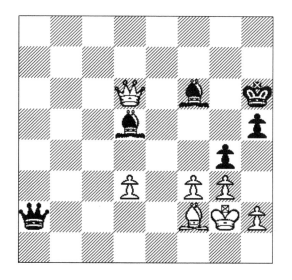

451) White to play

450) White to play

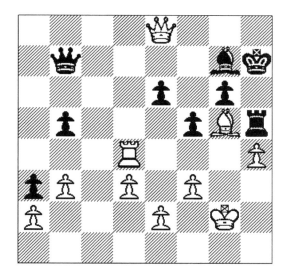

452) Black to play

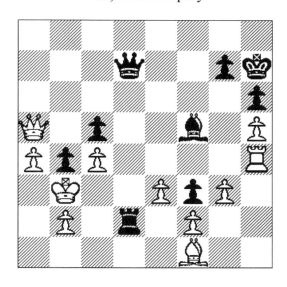

115

453) Black to play

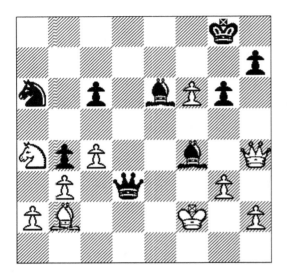

455) White to play

454) White to play

456) White to play

457) Black to play

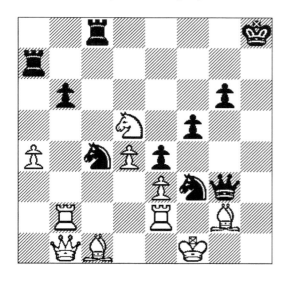

459) White to play

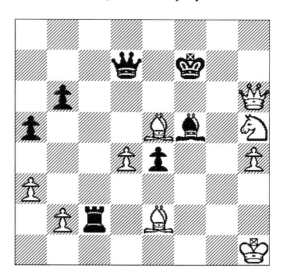

458) White to play

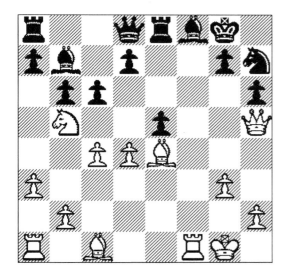

460) White to play

461) Black to play

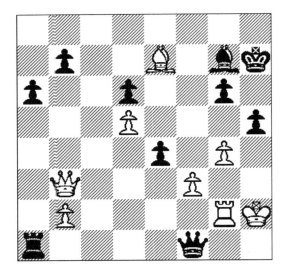

463) White to play

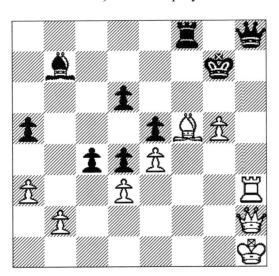

462) Black to play

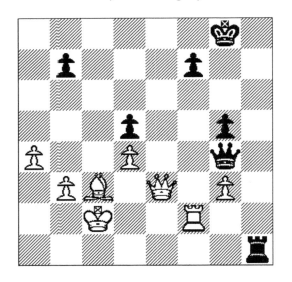

464) Black to play

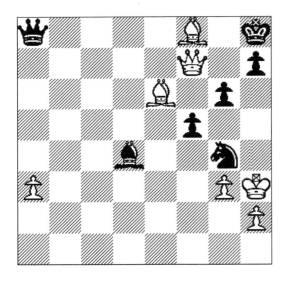

465) White to play

467) Black to play

466) White to play

468) White to play

119

469) Black to play

471) Black to play

470) White to play

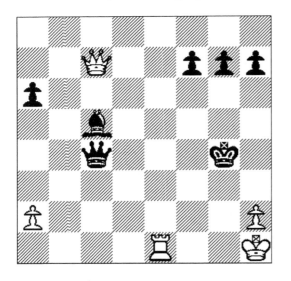

472) Black to play

Mate in 5

473) Black to play

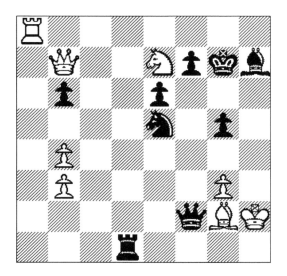

475) White to play

474) White to play

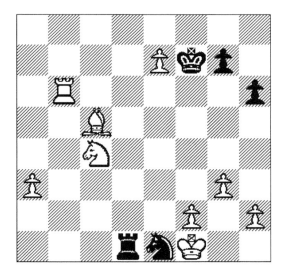

476) Black to play

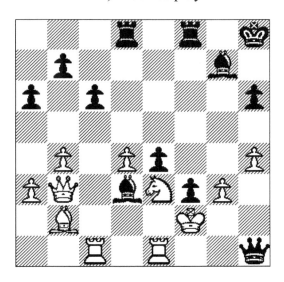

477) Black to play

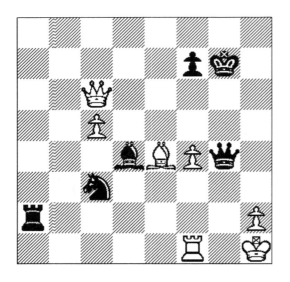

479) White to play

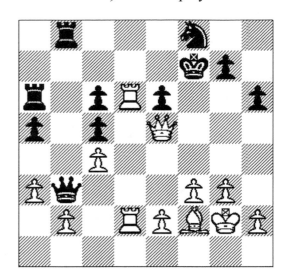

478) White to play

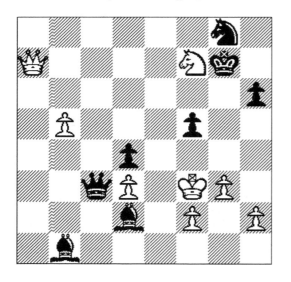

480) White to play

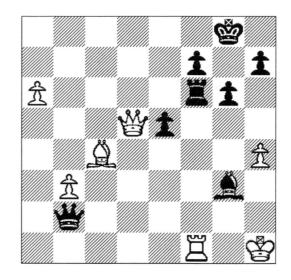

481) Black to play

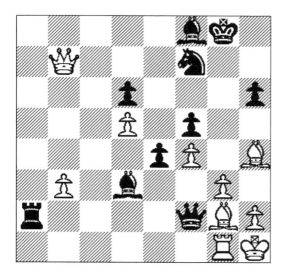

483) Black to play

482) White to play

484) Black to play

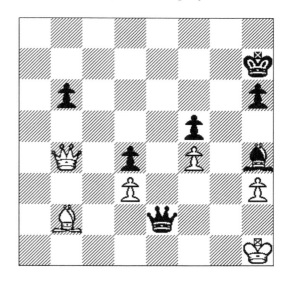

485) Black to play

487) White to play

486) Black to play

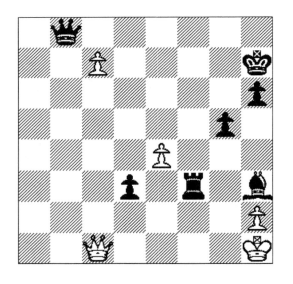

488) White to play

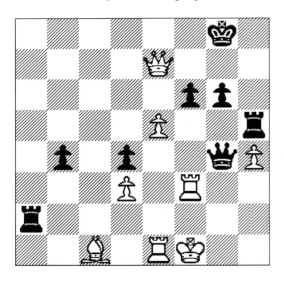

124

489) White to play

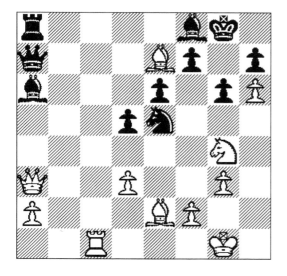

491) Black to play

490) White to play

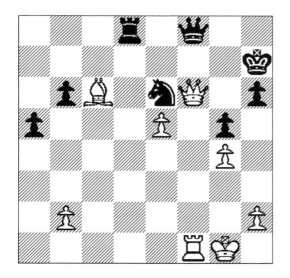

492) White to play

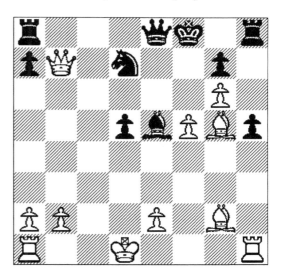

125

493) White to play

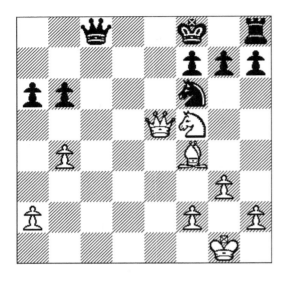

495) Black to play

494) White to play

496) White to play

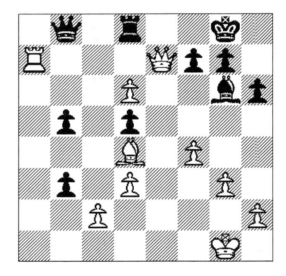

126

497) Black to play

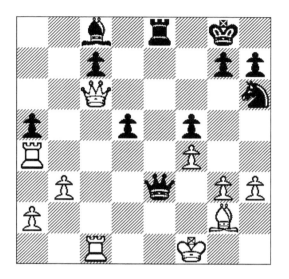

499) White to play

498) White to play

500) White to play

Solutions

1) 41...h1Q# Wiewiora-Piorun,
Katowice 2017

2) 50...Rc1# Suslova-Petrenko,
Chelyabinsk 2017

3) 26...Qe1# Kot-Klabis,
Katowice 2017

4) 40...Qd3# Batashevs-Krzyzanowski,
Katowice 2017

5) 32. Qxh5# Fridman-Terbe,
Katowice 2017

6) 34...Qf3# Sipila-Jojua,
Hersonissos 2017

7) 48. Nxf5# Tomaszewski-Qorri,
Katowice 2017

8) 38...Rf2# Jahncke-Tymrakiewicz,
Katowice 2017

9) 45...Rc5# Troyke-Zaleski,
Katowice 2017

10) 50. Be4#(Qf7# is equivalent)
Jahncke-Jaroch, Katowice 2017

11) 54...Qh1# Pena Gomez-Ondrus,
Katowice 2017

12) 58...Qa3#(Qc4# is equivalent)
Piesik-Mroziak, Katowice 2017

13) 43...Rxf3# Montilla-Kantans,
Katowice 2017

14) 53. Rh8# Stefanova-Muzychuk,
Huaian 2017

15) 29...Qc2# Chomczyk-Teclaf,
Suwalki 2017

16) 88. Qg7# Vokarev-Iljin,
Sochi 2017

17) 39...Rd3# Grinev-Frolov,
Zhytomyr 2017

18) 36...Nf1# Canfell-Ang,
Melbourne 2017

19) 60...Rd3# Xiang-Gao,
Shenzhen 2017

20) 43...e2# Vypkhanyuk-Bernadskiy,
Zhytomyr 2017

21) 83...Qb6# Ahmed-Minhazuddin,
Dhaka 2017

22) 33. Qf7# Edouard-De Wachter,
Belgium 2017

23) 41...Rxg1# Kovanova-Styazhkina,
Sochi 2017

24) 36...Rf2# Gonzalez-Fernandez,
Sabadell 2017

25) 49. Qxb7# Nihal-Pranav,
Douglas 2017

26) 41...Qf4# Rusan-Tarlev,
Slanic Moldova 2017

27) 56. Qg6# Khismatullin-Shubin,
Sochi 2017

28) 22...Nxg3# Bezgodova-Potapova,
Sochi 2017

29) 46. Qe7# Neiksans-Studer, Munich 2017

30) 29...Qxg2# Gasanov-Bogdanovich, Omelnyk 2017

31) 29...Qd6# Cools-Piceu, Niel 2017

32) 24...Rh6# Ten-Kunin, Amsterdam 2017

33) 33...Qf1# Zubarev-Dolzhikova, Mukachevo 2017

34) 39. Bh3# 39. Qh3# is an alternative. Zaragatski-Burg, Netherlands 2017

35) 58. Qdf6# Hausner-Micheli, Austria 2017

36) 44...Qg2# Pazderski-Kolosowski, Szklarska Poreba 2017

37) 74. Qg3# Safronov-Naboka, Omelnyk 2017

38) 17. Qh7# De Santis-Zucchelli, Arco 2017

39) 51. Qh8# Karttunen-Sipila, Helsinki 2017

40) 49. Rf8# Gavasheli-Andres Gonzalez, Donostia 2017

41) 39...Qe1# Nakamura-Caruana, Chess.com 2017

42) 43. Qe7# Fenil-Fernandez, Barbera del Valles 2017

43) 39. Qe8# Jaracz-Moranda, Wroclaw 2017

44) 32...Rc2# Kharmunova-Voit, Sochi 2017

45) 38...Qe2# Tiitta-Meskanen, Jyvaskyla 2017

46) 57. Rh8# Riha-Shubin, Pardubice 2017

47) 41. Rf4# Horn-Deutschbein, Kiel 2017

48) 40. Rh8# Ten-Kokje, Hilversum 2017

49) 21...Nf3# Abrahams - Arakhamia-Grant, Llandudno 2017

50) 54. Bf8# Jaracz-Przybylski, Wroclav 2017

51) 40. Rg8# Martinez-Gutierrez, Linares 2017

52) 26...Qd1# Swicarz-Klekowski, Wroclav 2017

53) 35...Qg1# 35...Qxh3+ 36. Rh2 Qf1+ 37. Bg1 Qxg1 is only mate in 3. Mousavi-Wen, Bandare Anzali 2017

54) 38. Qe8# Lanchava-Paulet, Amstelveen 2017

55) 39. Qa5# Gonzalez-Hapala, Sabadell 2017

56) 41...Rf1# Bu Xiangzhi-Svidler, Tbilisi 2017

57) 35...Rg1# Iyti-Eren, Istanbul 2017

58) 35. Rh8# Miller-Prenzler, Apolda 2017

59) 29. Qd6# Wheeler-Banik,
Philadelphia 2017

60) 54...Bf4# Identical is 54...Bf2#
Nandhidhaa-Fisabilillah, Ashgabat
2017

61) 61. Rc8# Yavakhishvili-Shvayger,
Wroclav 2017

62) 33. Qh6# Miezis-Berglind,
Vasteras 2017

63) 44. Qh8# Cramling-Muzychuk,
Medias 2017

64) 47. Qg7# Kovanova-Getman,
Sochi 2017

65) 43...Qh3# Hula-Butkiewicz,
Pardubice 2017

66) 83...Qh6# 83...Qg4# is identical.
Pranav-Hnidiuk, Warsaw 2017

67) 34. Qxe7# Andreikin-Linker,
Sochi 2017

68) 32. Qe8# Nenezic-Dezelin,
Ruma 2017

69) 47...Rh4# Schlosser-Chigaev,
Pardubice 2017

70) 41. Qh8# Heinert-Schmitt,
Apolda 2017

71) 39. Rg8# Hendriks-Kollen,
Dieren 2017

72) 64. Nd2# Petersen-Sorensen,
Denmark 2017

73) 29. Rxe6# Sagar-Mangelschots,
Paleochora 2017

74) 56...Qf3# Tahay-Moussard,
Paris 2017

75) 29...Rh2# Kolb-Schmidt,
Bayerisch Eisenstein 2017

76) 45...Nf2# Nagel-Osthoff,
Tegernsee 2017

77) 28. Qb8# Lai-Vedder,
Vlissingen 2017

78) 33. Ng5# Mesaros-Escalante,
Montevideo 2017

79) 38...Qe2# 38...Re2# is identical.
Vrana-Talla, Stare Mesto 2017

80) 54. Rf8# Polatel-Jahn, Berlin 2017

81) 72. Qcxb7# Identical is 72. Qdxb7#
Fan-Duneas, Auckland 2017

82) 53...Qxh4# Sharafiev-Novikov,
Sochi 2017

83) 41. Qh5# Kharmunova-
Shafigullina, Sochi 2017

84) 16. Nd6# Jere-Goosen,
Durban 2017

85) 60...Rb1# Bergsson-Kjartansson,
Reykjavik 2017

86) 92. Rh8# Demidov-Gubsky,
Sochi 2017

87) 67...f3# Agdelen-Ozen, Izmir 2017

88) 67. Bf7# Kalinitschew-Tonndorf,
Apolda 2017

89) 38. Qf4# Christiansen-Sipila,
Hersonissos 2017

90) 42...Qg4# Chakravarthi-Onischuk, Bastia 2017

91) 36. Qxh7# 36. Rxh7# is identical. Mareco-Velten, Linares 2017

92) 66...Rc1# Kistrup-Bjerre, Helsingor 2017

93) 24. Qg7# Kvon - Quinones-Maletti, Helsingor 2017

94) 81. Qd4# Meijers-Chandler, Vellmar 2017

95) 75...Rf1# 75...Rxa2?? is stalemate. Shirazi-Abravanel, Paris 2017

96) 27. Ng6# Erdogdu-Kanmazalp, Suleymanpasa 2017

97) 66. Qe8# Nenezic-Zaslavsky, Fuengirola 2017

98) 50...Rf1# Yuffa-Sychev, Moscow 2017

99) 42...Qxf2# Huang-Yip, Manchester 2017

100) 34. Qxg7# Fernandez - Cederstam-Barsk, Sitges 2017

101) 39. Qh6# Akash-Michalowski, Escaldes 2017

102) 36...Qc1+ 37. Rxc1 dxc1Q# An alternative is 36...d1Q+ 37. Rxd1 Rxd1# Krak-Schwarz, Slovakia 2017

103) 33. Ng3+ Kf3 34. Qe3# Hansen-Tavares, Telford 2017

104) 39...Rf1+ 40. Rxf1 Qxf1# Nechaev-Levin, Sochi 2017

105) 45. Rd8+ Kh7 46. Rh6# Wells-Jackson, Telford 2017

106) 42. Qxh7+ Kf8 43. Qh8# Griffiths-Kalayalahan, Telford 2017

107) 36. Qc8+ Rb8 37. Qxb8# Fedoseev-Motylev, Sochi 2017

108) 22...Qxf3+ 23. gxf3 Bh3# Xiong - Vachier-Lagrave, Chess.com 2017

109) 36. Qh4+ Kg7 37. Qh6# Peptan-Aciu, Baile Govora 2017

110) 34. Qh6+ Kg8 35. Qh8# Sergeev-Decker, Wroclaw 2017

111) 41. h4+ Kg4 42. Rf4# Demidov-Moiseenko, Sochi 2017

112) 31...Rf2+ 32. Kd1 Qxc2# Bilek-Purnoch, Czech Republic 2017

113) 38. Rc8+ Nf8 39. Rxf8# Gagare-Swathi, New Delhi 2017

114) 39...Rd3+ 40. Ke5 Bd6# Vlahos-Bologan, Hersonissos 2017

115) 24...Qd4+
a) 25. Qe3 Rf1#
b) 25. Kxe1 Qg1#
An alternative is 24...Rf1+ 25. Ke3 Qe4# Maciaga-Wlodarczyk, Szklarska Poreba 2017

116) 42...Qxe2+ 43. Kc3 Qe3# Terbe-Nie, Tarvisio 2017

117) 29...Qxg3+ 30. Kf1 Re1# Srebrnic-Sonis, Bergamo 2017

118) 33. Qc6+ Kd8 34. Qd7# Popchev-Krstic, Belgrade 2017

119) 54. Nf7+ Rxf7 55. Rg8#
Hamtevici-Lopez, Minsk 2017

120) 25. Rh3+ Bh6 26. Rxh6#
Li-He, Las Vegas 2017

121) 64...Qxf2+
a) 65. Kh1 Qh2#
b) 65. Kh3 Qg3#
Timagin-Dvoyris, Pardubice 2017

122) 43. Ra4+ Rxa4 44. Nb8#
Yuffa-Savina, Cap d'Agde 2017

123) 38. Bf7
a) 38...Bxf5 39. Rg8#
b) 38...Nc7 39. Bg7#
Gukesh-Mishra, Puchong 2017

124) 47. Rd6 b2 48. g4# Maltsevskaya-
Skatchkov, Khanty-Mansiysk 2017

125) 46. Qc1+ Qc6 47. Qxc6#
Gabuzyan-Alaverdyan, Tsaghkadzor
2017

126) 39...Rxe4+ 40. Rxe4 Nxf5#
Molchanov-Neverov, Omelnyk 2017

127) 59...Qg6+
a) 60. Kh2 Qg2#
b) 60. Kf1 Qb1#
Bersamina-Xu, Ashgabat 2017

128) 29. Rxg7+ Kxg7 30. Rf7#
Sanjueza-Juarez, Villa Martelli 2017

129) 39...Qf2+ 40. Kh1 Qf1#
Bezuidenhout-Silva, Tarvisio 2017

130) 48. Bd3+ Kh6 49. Qg6#
Kondaurov-Maratkanov, Voronezh
2017

131) 20...Rh1+ 21. Kxh1 Qh2#
Hou Yifan-Caruana, Chess.com 2017

132) 48. Rg6+ Kh5 49. Rh7#
Kozlov-Lugovskoy, Sochi 2017

133) 38. Qf8+ Nxf8 39. gxf8Q#
Kotlowski-Samborski, Suwalki 2017

134) 25. Qxg5+
a) 25...fxg5 26. Nh6#
b) 25...Kh8 26. Qg7#
Tratar-Suta, Pula 2017

135) 31...Rc1+ 32. Bxc1 Qb1#
Kulon-Cornette, Monaco 2017

136) 48. h4+ gxh4 49. Nxh3#
Meskovs-Jankovskis, Liepaja 2017

137) 56. Rg5 a1Q 57. Rg8#
Ternault-Kosteniuk, Paris 2017

138) 41...Nb3+ 42. Kb1 Rd2#
Zavarce-Cuartas, Medellin 2017

139) 38. Re8+ Rf8 39. Bd5#
Ten-Ritsema, Hilversum 2017

140) 52. a8Q
a) 52...Kc1 53. Qa1#
b) 52...c1N 53. Qh1#
Vachier-Lagrave - Grischuk,
Chess.com 2017

141) 45...Qf1+
a) 46. Rxf1 Rh2#
b) 46. Qg2 Qxg2#
Gelfand-Artemiev, Moscow 2017

142) 79. Bg2+ Kg1 80. Re1#
Mastrovasilis-Kouskoutis,
Thessaloniki 2017

143) 83. Kxf6+ Kh6 84. Qg7#
Gazik-Krejci, Katowice 2017

144) 37. Ng5+
a) 37...Qxd5 38. Qxh7#
b) 37...Rf7 38. Re8#
Dewi-Tsay, Budapest 2017

145) 46. Be5+ Rf6 47. Bxf6#
Jobava-Short, Helsingor 2017

146) 41. Qh6+ Qh7 42. Qxh7#
Demidov-Chekletsov, Pardubice 2017

147) 45...Qg3+ 46. Kf1 Qg1# Huge
mistake is 45...Qxa1, because of 46.
Qf6+ Kf8 47. Qd8+ with a perpetual.
Saber-Tsolakidou, Barcelona 2017

148) 33...Qxg1+ 34. Kxg1 Rf1#
Beletic-Vidic, Trieste 2017

149) 58. Kg8
a) 58...Ng5 59. fxg5#
b) 58...Nxf4 59. Rh7#
c) 58...g5 59. Rd6#
Bezgodova-Strukova, Sochi 2017

150) 64...Bg3+ 65. Kg4 h5# Identical is
64...Nf3+ 65. Kg4 h5#
Murphy-Jones, Llandudno 2017

151) 39...Qb3+ 40. Kc1 Qc3#
Carlsson-Hillarp Persson, Malmo 2017

152) 26...Qh6+ 27. Kg3 Qxh2#
Studnicka-Simet, Pardubice 2017

153) 47. Qxh6+ Kg8 48. Qg7#
Velten-Tsatsalashvili, Donostia 2017

154) 40...Qg6+ 41. Ke5 Qf6#
Carlsson-Thybo, Vaxjo 2017

155) 74...g2+ 75. Kh2 g1Q#
Kossobudzki-Konopka, Katowice 2017

156) 27. Rxf8+ Kxf8 28. Rxd8#
Managadze-Hristodoulou, Achaea 2017

157) 39. Qe7+ Kf5 40. Qxe5#
Neiksans-Narva, Katowice 2017

158) 106...Qh1+ 107. Rf1 Qxf1#
Claesen-Piceu, Niel 2017

159) 73. Bf1 Kh2 74. Qg2# Other
option is 73. Bf3+ Kh2 74. Qg2#
Karasik-Volotovsky, Pardubice 2017

160) 63. Qe7+ Kg6 64. Qg7#
Lajthajm-Petijevic, Canj 2017

161) 35. Qxf7+ Kh7 36. Qxg7#
Henriksson-Cramling, Sweden 2017

162) 39. Qe7+ Kg8 40. Qe8#
Polatel-Baum, Tatranske Zruby 2017

163) 45...Q5xh2+ 46. Kf1 Qh1#
Llanos-De Dovitiis, Villa Martelli 2017

164) 33...Qg3+ 34. Kh1 Re1#
Bivol-Girya, Sochi 2017

165) 84...Ke3 85. Kf1 Qf2#
Samaganova-Velieva, Ashgabat 2017

166) 60. Nc4 g3 61. Nd6# Blunder is
60. Nxg4?? stalemate. Bokros-
Cibickova, Dunajska Streda 2017

167) 56...Rf7+ 58. Kg3 Rf3#
Tisma-Cabarkapa, Novi Sad 2017

168) 49. Rh3+ Qh6 50. Rxh6# Pena
Gomez-Kowalczyk, Katowice 2017

169) 38. Qe6+ Kh8 39. Ng6#
Saric-Putka, Katowice 2017

170) 37...Bd6+ 38. Qg3 Qxg3#
Jaroch-Krejci, Katowice 2017

171) 58...Qg3+ 59. Kf5 Re5#
Zgadzaj-Sycz, Szklarska Poreba 2017

172) 32...Qg3+
a) 33. Kh1 Qh2#
b) 33. Kxf1 Rc1#
Maltsevskaya-Palchun, Saint
Petersburg 2017

173) 59. Bc4+ Ka5 60. Ra6#
Dimitrov-Rajesh, Bastia 2017

174) 73...Qc7 74. a4 Qg7#
Zwardon-Klabis, Katowice 2017

175) 73. Nf6+ Kh8 74. g7#
Rozum-Pridorozhni, Sochi 2017

176) 51. Kxe2 Kh5 52. Qh1# Big
mistake is 51. Qxe2?? with stalemate.
Grundekjon-Petersen, Helsingor 2017

177) 31. Rg8+ Ke7 32. Qg7#
Tari-Arnaudov, Katowice 2017

178) 30...h4+ 31. Kf3 Qh1# Shuvalov-
Zavgorodnaya, Saint Petersburg 2017

179) 32. Rf8+ Rxf8 33. Qxf8# Other
option is 32. Qf8+ Rxf8 33. Rxf8#
Poulopoulos-Gkogkas, Achaea 2017

180) 38...Rxf1+ 39. Nxf1 Qg1#
Identical is 38...Qg1+ 39. Rxg1 Rxg1#
Wiesner-Vyprachticky, Pardubice 2017

181) 40. Rh7 Kf8 41. Rh8#
Harika-Suleymanli, Abudhabi 2017

182) 20. Rd8+ Bxd8 21. Qe8#
Yilmazyerli-Tereladze, Cubuk 2017

183) 40. Be4+ Ng6 41. Bxg6#
Jahncke-Koziol, Katowice 2017

184) 35...Qxh2+ 36. Kg4 Qh3#
Lewin-Gijsen, Dortmund 2017

185) 49. Qd8+ Bf8 50. Qxf8#
Troyke-Kiratzopoulos, Katowice 2017

186) 55...Nc3+ 56. Ka1 b2#
Dzagnidze-Muzychuk, Huaian 2017

187) 36...Qf3+
a) 37. Kg1 Ne2#
b) 37. Ke1 Qe2#
Vicente-Dias, Portugal 2017

188) 52. Qg6+ Kh8 53. Qxh6#
Aguiar-Kitir, Fuengirola 2017

189) 46. Rxg8+ Kh7 47. Rh8#
Brodowski-Sadzikowski, Fuengirola
2017

190) 37. Re8+ Kf7 38. Rf8#
Barlocco-Capaliku, Lignano
Sabbiadoro 2017

191) 43...Bf2+ 44. Kf1 Bh3#
Paciencia-Laxman, Johor 2017

192) 46. Qd7+ Ke5 47. Qe6#
Demeter-Danada, Kosice 2017

193) 42. Rxh7+ Kxh7 43. Qh5#
Arakhamia-Grant - Storey,
Llandudno 2017

194) 38...Ne4+ 39. Kh4 Rh2#
Chueca-Almagro, Linares 2017

195) 39...Rg3+ 40. Kh2 Rh4#
Christiansen-Navara, Antalya 2017

196) 31. Bc7+ Kd7 32. Qc6#
Maslak-Jeet, Pardubice 2017

197) 40. Nf6+ Kh8 41. Bg7#
Medancic-Astengo, Arco 2017

198) 37. Qf4+ g5 38. Qf6#
Knudsen-Schmidek, Berlin 2017

199) 39. Bxf7
a) 39...Rxd2 40. Qh6#
b) 39...Rc6 40. Qg8#
Harika-Muzychuk, Huaian 2017

200) 25. Ra5+
a) 25...bxa5 26. b5#
b) 25...Nxa5 26. b5#
Sorsa-Nurk, Finland 2017

201) 38. Ne6+ Ke8 39. Qc6#
Basman-Maciol, London 2017

202) 56. Kg6 c1Q 57. h7#
Savina-Goossens, Metz 2017

203) 42. Rg8+ Kh7 43. Qg6#
Oussedik-Wong, Lueneburg 2017

204) 50. Bc2+ d3 51. Bxd3#
Yuan-Gao, Shenzhen 2017

205) 61...Bf2+ 62. Kf1 Bh3#
Wang-Gorovets, New York 2017

206) 29...Ng1+ 30. Kh2 Rg2#
Zwirs-Pruijssers, Dieren 2017

207) 16...Qg5+
a) 17. f4 Qxf4#
b) 17. Kxe4 Nc5#
Sochacki-Dgebuadze, Charleroi 2017

208) 44. Kxf2 a4 45. Qh8#
Brozel-Pollack, London 2017

209) 44. h3+ Kf4 45. Ng6#
Martins-Ronka 2017

210) 39...Qf3+
a) 40. Ke1 Rxd1#
b) 40. Kg1 Nh3#
Stewart-Vignesh, London 2017

211) 33. Rg7+
a) 33...Bxg7 34. Qxg7#
b) 33...Kf8 34. Qe7#
Timofeev-Poliakov, Sochi 2017

212) 27. Bc6+ Kd8 28. Ra8#
Ojas-Seymour, London 2017

213) 29...Rf1+ 30. Bxf1 Qxf1#
29...Rxg2+ is identical.
Stojanovski-Seegert, Denmark 2017

214) 37. Qxf8+ Kh7 38. Rxh6#
Wieczorek-Vasyliv, Wroclav 2017

215) 22...Qd1+ 23. Rxd1 Rxd1#
Miezis-Meskovs, Olaine 2017

216) 46...Rf1+ 47. Rxf1 Qxf1# Durette
- Rodrigue-Lemieux, Montreal 2017

217) 57. Rg3+ Kh6 58. Rh1#
Korpa-Pergel, Hungary 2017

218) 36...Qc1+ 37. Rd1 Qe3#
Murzin-Rozum, Sochi 2017

219) 29...Qb3+ 30. Qc2 e2#
Samaganova-Hejazipour, Ashgabat 2017

220) 39...Qh1+ 40. Kg3 Qh3#
Heberla-Fischer, Tegernsee 2017

221) 64. Rd6+ Ke7 65. Qd8# But not
64. Kxf7?? stalemate.
Tsomaia-Ismayilov, Poti 2017

222) 62...Be6+
a) 63. Rg4 Qg3#
b) 63. Kh2 Qg1#
Hakobyan-Zarubitski, Jermuk 2017

223) 49...Qxa4+ 50. Kb1 Re1#
Sochacki-Zubov, Paris 2017

224) 74...Kg7 75. h4 Qg4#
Nakamura-Caruana, Chess.com 2017

225) 37. Qxh7+ Nxh7 38. Rxh7#
An alternative is 37. Qxf8+ Qxf8 38.
Rxh7# Akesson-Rodgaard, Sabadell
2017

226) 48. h4+
a) 48...Kh5 49. g4#
b) 48...Kf5 49. e4#(49. Bh3# and 49.
Qc8# are alternatives)
Nguyen-Doan, Ho Chi Minh 2017

227) 34...dxc1Q+ 35. Kg2 Qf1#
Rogule-Kovalenko, Olaine 2017

228) 37...Rh1+ 38. Ke2 Qf3# 37...Qf3+
38. Qf2 Rh1# is an alternative.
Lammens-Lahaye, Netherlands 2017

229) 33...Nf3++ 34. Kf1 Nxh2#
Sprumont-Beaulieu, Quebec 2017

230) 54...Rgxh3+
a) 55. Nh2 Rxh2#
b) 55. Kg2 Rg3#
Lambert-Tsorbatzoglou,
Asnieres-sur-Seine 2017

231) 48...Qh3+
a) 49. Kg1 Nf3#
b) 49. Ke1 Qh1#
Reizniece-Siemer, Puhajarve 2017

232) 23...Qxh2+ 24. Kxh2 Rh6#
Danilov-Bortnyk, Mykolaiv 2017

233) 37. Qh5+ Kf6 38. hxg5#
Ftacnik-Baumegger, Austria 2017

234) 30...Ng3+ 31. hxg3 Rh5#
So-Carlsen, Chess.com 2017

235) 34. Rc8+ Kh7 35. Be4#
Aabling-Jensen, Denmark 2017

236) 44. Rg7+ Kh5 45. g4#
Urbanc-Schoppen, Tarvisio 2017

237) 79. Bd5+ Kd4 80. Ne6#
Korotylev-Sarana, Moscow 2017

238) 35. Rg8+ Rxg8 36. Qxg8#
Light-Buchholz, Kiel 2017

239) 36. Rh5+
a) 36...Kxh5 37. Qh4#
b) 36...gxh5 37. Qf6#
Terbe-Choladze, Tarvisio 2017

240) 33...Qh5+
a) 34. Kf4 Qg5#
b) 34. Kf6 Rg6#
Pantsulaia-Korneev, Hersonissos 2017

241) 41. Rh5+ gxh5 42. Rg7+ Kh6 43.
g5# Khomeriki-Rozman, Tarvisio 2017

242) 49...Qxg4+ 50. Bg3 Qxg3+ 51.
Kh1 Nf2# Strebkovs-Bartos, Pardubice
2017

243) 36. Qd7+
a) 36...Kf6 37. Nh5+ Kg6 38. Qxf5#
b) 36...Kf8 37. Ne6#
Galchenko-Komliakov, Pardubice 2017

244) 39...Rh5+ 40. Nh4 Rxh4+ 41.
gxh4 Qf3# De Coninck-Docx, Ghent
2017

245) 55. Be6+ Kh8 56. g7+ Kh7 57. g8Q# Timagin-Bekturov, Pardubice 2017

246) 31...f6+
a) 32. Kg4 Bd7+ 33. Bf5 Bxf5#
b) 32. Kh6 Rxh4+ 33. gxh4 Qxh4#
Freisler-Malakhov, Pardubice 2017

247) 30...Qxf2+
a) 31. Kh1 Qxf1+ 32. Rxf1 Rxf1#
b) 31. Qxf2 Rxe1#
Lezhepekova-Akmalov, Saint Petersburg 2017

248) 58. Bb5+ Qc6 59. Bxc6+ Kd8 60. Qd7# Sethuraman-Raghunandan, Abudhabi 2017

249) 39...Bg4+ 40. Kf1 Rd1+ 41. Kg2 Rg1# Villegas-Thybo, Warsaw 2017

250) 38...g5+ 39. Kg4 f5+ 40. Kh5 Qh3# Valdes-Flores, Medellin 2017

251) 26. Qxg6+ Kf8 27. Qg7+ Ke8 28. Qe7# Bosboom-Markus, Amsterdam 2017

252) 53. Bf7+ Bf8 54. Qxf8+ Kh7 55. Qg8# Demuth-Rubes, Teplice 2017

253) 34. Ne7+ f5 35. Qh4+ Bh6 36. Qxh6# Karlsson-Hammar, Stockholm 2017

254) 34. Qh8+ Ng8 35. d7+ Bd6 36. Bxd6# Pedoson-Kantans, Viljandi 2017

255) 56. Be6++
a) 56...Ke8 57. Bf7+ Kf8 58. Ne6#
b) 56...Kf6 57. Qf7+ Kg5 58. Nh3#
Cuberli-Slipak, Buenos Aires 2017

256) 67...Qe6+ 68. Qf5 Qxf5+ 69. g4 Qf3# Ghafourian-Pacher, Hamedan 2017

257) 34. Ne8(threatening Qg7#) Rxe8 35. Rxf7 Qxd4 36. Qg7# Cruz-Veiga, Belem 2017

258) 33...Qa1+ 34. Bb1 Qxb1+ 35. Qc1 Qxc1# Teodorescu-Shishkin, Slanic Moldova 2017

259) 50. Rh5+
a) 50...Kg7 51. R5xh7+ Kf6 52. Qg5#
b) 50...gxh5 51. Qg5#
Barbosa-Grabinsky, Philadelphia 2017

260) 49. Qe8+ Rf7 50. Qxf7+ Kh6 51. Rh8# Ozen-Arat, Izmir 2017

261) 79...Qh2+ 80. Ke1 Qhh1+ 81. Kf2 Qdg2# Buyukasik-Budisavljevic, Veliko Gradiste 2017

262) 37...Rf2+
a) 38. Kg1 Nf3+ 39. Kh1 Rxh2#
b) 38. Ke1 Nf3#
Sagit-Blomqvist, Stockholm 2017

263) 33...Rh3+ 34. Kg2 Nf4+ 35. Kg1 Rh1# Bjorneboe-Pantzar, Helsingor 2017

264) 37. Bh6 Qc8 38. Qxc8 f5 39. Qxf8# Himanshu-Mendonca, Sitges 2017

265) 72...Nxe3 73. Rd6 Rxd6 74. f5 Rd1# Kukk-Smirnov, Viljandi 2017

266) 30...Rh1+ 31. Ke2 Qe4+
a) 32. Ne3 Qd3#
b) 32. Kd2 Qc2#
Kratochvil-Pulpan, Pardubice 2017

267) 26. Ne7++ Kh8 27. Nf7+ Rxf7 28. Qg8# Marczuk-Janaszak, Szklarska Poreba 2017

268) 23...Qxh3+ 24. Kg1 Qh1+ 25. Kf2 Qg2# So-Carlsen, Chess.com 2017

269) 31. Rxg8+ Kxg8 32. Rd8+ Qe8 33. Rxe8# Williams-Chen, New York 2017

270) 57. Qc8+ Qf8 58. Qe6+ Qf7 59. Qxf7# Lagunow-Tuncer, Rymanow-Zdroj 2017

271) 64. Kd7 Ka8 65. Kc7 Ka7 66. Qb7# Raahul-Barath, Mumbai 2017

272) 35...Rf3+ 36. Qd3 b1Q+ 37. Rxb1 Rxd3# 35...b1Q+ is identical. Kapnisis-Petr, Dundee 2017

273) 49. Qb7+ Qe7 50. Qd5+ Qe6 51. Qxe6# Cruz-Gonzalez, Sabadell 2017

274) 42...Qg2 43. Qxg7+ Kxg7 44. a4 Qh2# Benet Morant-Morales, Barcelona 2017

275) 37...Rd1+ 38. Ne1 Rxe1+ 39. Kf2 Rf1# Gokhale-Chernyshov, Prague 2017

276) 22. Qh6 Qd1+ 23. Rxd1 Nd4 24. Qg7# Hillarp Persson-Taylor, Helsingor 2017

277) 38. Nh5 exf5 39. Qg3 fxe4 40. Qg7# Elezi-Niemann, Philadelphia 2017

278) 55...Kf6
a) 56. Be8 Rxh2+ 57. Bh5 Rxh5#
b) 56. h4 Rg6#
Mirzoeva-Gritsayeva, Sochi 2017

279) 32...Qh3+ 33. Kg5 Qg4+ 34. Kh6 Qh5# Wen Yang-Bu Xiangzhi, Huocheng 2017

280) 27. Bxe7+ Kd4 28. Qg4+ Ke5 29. Qf4# Gazik-Pierecker, Vaujany 2017

281) 57. Rb6+ Ke7 58. Qc7+ Ke8 59. Rb8# Identical are also 57. Qd6+ and 57. Qh6+ Narancic-Milijkovic, Sarajevo 2017

282) 36. Rg7+ Kh8 37. Qg6 Nf8 38. Rxg8# An alternative is 36. Rg6(threatening Rxh6#) Bf8 37. Rxg8 and then Qg6# Britton-Willow, Doncaster 2017

283) 47. Kh3 Qxe4(g4#, Bf3# and Rxh7# threaten) 48. Bf3+ Qxf3 49. Rxh7# Gruskovnjak-Kosmac, Slovenia 2017

284) 32. Rxh7+ Nxh7 33. Qxh7+ Bh6 34. Rf5# An alternative is 32. Qf7+ Ng6 33. Qxh7+ Bh6 34. Rf5# De Santis-Vezzani, Arco 2017

285) 65. Kg6 Rc7 66. Rxc7 a2 67. Rh7# Speelman-Johannesson, London 2017

286) 49. Qd5+ Kb4 50. Qd6+ Ka5 51. Qa3# Grant-Sadiku, Hersonissos 2017

287) 45. Qc8 Qxc6 46. dxc6 a4 47. Qb7# Kvamme-Tryggestad, Helsingor 2017

288) 34. Rf5+
a) 34...Qxf5 35. Qxf5+ g5 36. Qh3#
b) 34...Kg4 35. Bf3+ Kh3 36. Rh5#
c) 34...g5 35. Bf3#
Nguyen-Sieber, Warsaw 2017

289) 54. Qg7+ Ke8 55. Qf7+ Kd8 56. Qd7# Ventura-Kopisch, Lignano Sabbiadoro 2017

290) 33...Qe4+ 34. Ke2 Rb2+ 35. Kf1 Qxh1# Samaridis-Gazis, Nikaia 2017

291) 49...Bxd4+ 50. Qxd4 Rf5+ 51. Kg1 Rf1# Ikeda-Gara, Budapest 2017

292) 45. Be2+ Kh6 46. Bg7+ Kh7 47. Nf6# Khomeriki-Pogosian, Batumi 2017

293) 44...Qxh3+ 45. Kxg5 Qxg4+ 46. Kh6 Qg6# Lopez de Turiso-Pap, Pontevedra 2017

294) 34. Qd7+ Kf8 35. Bd6+ Kg8 36. Qe8# Horvath-Mazi, Trieste 2017

295) 48. Be6+ Kh8 49. Qe8+ Qf8 50. Qxf8# Turner-Ornstein, Lund 2017

296) 37. Rxh7+ Kg8 38. Qc4+ Rf7 39. Qxf7# Kapnisis-Cramling, Dundee 2017

297) 54...Rg4+ 55. Qg3 Rxg3+ 56. Kh1 Qg2# Nieves-Castell Cantero, Linares 2017

298) 42. Kh2 Rg8 43. Qxg8 Bc8 44. Qg3# Vokac-Volotovsky, Pardubice 2017

299) 39. Bg2 Rxg2+ 40. Kxg2 Nd6 41. Qxg7# Florstedt-Deutschbein, Berlin 2017

300) 35...Qh1+ 36. Kd2 Rd3+ 37. Kc2 Qd1# Ahmed-Fernandez, Montcada i Reixac 2017

301) 39...Bb7+
a) 40. Bc6 Bxc6+ 41. Qxc6 Qf1#
b) 40. Kg1 Qf2#
Pruijssers-Iturrizaga, Dieren 2017

302) 87. Qf4+ Kh5 88. Kg3
a) 88...Rh7 89. Qh4#
b) 88...Bc2 89. Qg4#
c) 88...Bf5 89. Qxf5#
Matovic-Cvetkovic, Belgrade 2017

303) 45...Qh1+ 46. Kf2 Qf1+ 47. Ke3 Qe2# Also possible is 46...Rh2+ 47. Ke3 Re2# Gara-Repkova, Balatonszarszo 2017

304) 66. Kc5 Ka7 67. Kc6 Ka6 68. Qa8# Heimisson-Pranav, Douglas 2017

305) 128...Qf2+ 129. Ka3 Qb2+ 130. Ka4 Qb4# Paprocki-Sagar, Suwalki 2017

306) 88. Rb8+ Ka6 89. Bd3+ Ka5 90. Ra7# One alternative is 88. Bd3+ Kb4 89. Rb8+ Ka4 90. Ra7# Gritsak-Troberg, Goteborg 2017

307) 63. Kg3 g4 64. Ra2 Kg1 65. Ra1# An alternative is 63. Kf2 g4 64. Rxg4 Kh2 65. Rh4# Ladva-Zuo, Tarvisio 2017

308) 30. Rc8+ Qd8 31. Rxd8+ Ne8 32. Rxe8# Hansen-Jaksland, Reykjavik 2017

309) 67. Rg8+ Kxg8 68. Ra8+ Re8 69. Rxe8# Dowgird-Czachor, Wroclaw 2017

310) 52. g4+ fxg4 53. Kg3+ Qh2 54. Rxh2# Vokarev-Nechaev, Sochi 2017

311) 43. Qd8+ Kb7 44. Qb8+ Ka6 45. Qb5# Costachi-Ognean, Corund 2017

312) 32...Ng2+ 33. Kd1 Rdxd2+ 34. Nxd2 Rfxd2# Bressy-Grimberg, Avoine 2017

313) 55...Qh1+ 56. Kg4 Ne5+ 57. Kf4 Qf3# Bogosavljevic-Vuckovic, Ruma 2017

314) 41...Qg2+ 42. Kxe1 Qf1+ 43. Kd2 Qd1# Mogranzini-Sulava, Antalya 2017

315) 51. Rf8+ Kh7 52. Qh4+ Kg6 53. Qh5# Lubbe-Paul, Douglas 2017

316) 31...Kf7 32. f6 Rh8+ 33. Qh7 Rxh7# Homa-Peng, Madison 2017

317) 65. Qe2 Kg1 66. Kf3 Kh1 67. Qg2# Other queen retreats on the second rank are equivalent. Big mistakes are 65. Kf3?? or 65. Qg3?? due to stalemates. Svanda-Kapusta, Stare Mesto 2017

318) 57...Rd2+
a) 58. Kg3 Qg1+ 59. Kh3 Rh2#
b) 58. Ke3 Qe2#
Voege-Heinemann, Hannover 2017

319) 41...Q6f2+ 42. Kd3 Qd4+ 43. Ke2 Qgf2# Stipic-Saric, Mali Losinj 2017

320) 50. Bg8 g5 51. fxg6 f5 52. g7# But not 50. Bg6?? stalemate. Gelfand-Inarkiev, Nazran 2017

321) 58. exf7+ Kh7 59. Nf8+ Kh6 60. Qxg6# An alternative is 58. Qxf7+ Kh8 59. Qf8+ Kh7 60. Nf6# Haria-Shaw, Llandudno 2017

322) 48...Rg2+ 49. Kh4 Qf4+ 50. Rg4 Qh6# Lioe-Gukesh, Puchong 2017

323) 46. Qh1+ Bh4 47. Qxh4+ Kg7 48. Rg8# Identical is 46. Rh2+ Kaustuv-Karthik, Montevideo 2017

324) 33. Nh4+ Kg7 34. Rf7+ Kh8 35. Ng6# Other option is 33. Nh6+ Kg7 34. Qf7+ Kh8 35. Qxg8# Baratosi-Trifan, Arad 2017

325) 23. Be4+ Kh8 24. Qe8+ Nf8 25. Qxf8# Demuth-Sonis, Cap d'Agde 2017

326) 39. Qc3+ Kb1 40. Re1+ Kxa2 41. Ra1# Krylov-Usmanov, Sochi 2017

327) 22. Qxf7+ Kh8 23. Qe8+ Nf8 24. Qxf8# Popovic-Budisavljevic, Belgrade 2017

328) 32. Rg8+ Kf6 33. Rg6+ Kf5 34. Qe6# Sibashvili-Razaghi, Tehran 2017

329) 52...Rg2+
a) 53. Kf1 Ne3+ 54. Ke1 Re2#
b) 53. Kh1 Nxg3#
Dardha-Rios Parra, Sitges 2017

330) 74...Rh1+ 75. Kxh1 Kxg3 76. Kg1 Rb1# Yashmetov-Neverov, Saint Petersburg 2017

331) 27. Bxg7 Kxg7 28. Qh7+ Kf8 29. Qh8# Identical is 27. Bd2 Qxf5 28. Qh7+ Kf8 29. Qh8# Timofeev-Gubsky, Sochi 2017

332) 99...Ne3 100. Kh2 Nf1+ 101. Kh1 Bf3# Spitzl-Van Randtwijk, Korbach 2017

333) 35...Rd1+ 36. Qe1 Rxe1+ 37. Kh2 Rh1# Basener-Dehlinger, Tegernsee 2017

334) 62...h2+ 63. Kh1 g2+ 64. Kxh2 g1Q# Deutschbein-Krefenstein, Berlin 2017

335) 38. Rg5+ Kh4 39. Rf4+ Qg4 40. Rfxg4# Samu-Lyell, Corund 2017

336) 44. Qh6+ Rh7 45. Rf8+ Ng8 46. Rxg8# Jota-Laylo, Manila 2017

337) 42. Be7 Nxe5 43. Bf6+ Rg7 44. Qxg7# Sharafiev-Nuristani, Sochi 2017

338) 48...Rh2 49. Rd3+ cxd3 50. Kd1 Rh1# Medvedyk-Babiy, Pustomyty 2017

339) 49...Qg4+
a) 50. Kf2 Re2+ 51. Kf1 Qxg2#
b) 50. Kh2 Qh4+ 51. Kg1 Re1#
Joo-Abramovic, Corund 2017

340) 54. Ng6+ Kh7 55. Kf8+ Bg7 56. Rxg7# Kozul-Garriga, Sitges 2017

341) 29. Qh7+ Kxg5 30. Qh4+ Kf5 31. Qf4# Tan-Teitsson, Reykjavik 2017

342) 36...Re2+
a) 37. Kh1 Qe4+ 38. Kg1 Qg2#
b) 37. Kg3 Qf2#
Mohandesi-Mousavi, Khomeyn 2017

343) 54. Qh2+
a) 54...Kg7 55. Qh6+ Kg8 56. Rd8#
b) 54...Kg8 55. Rd8+ Kg7 56. Qh6#
Khairallah-Kotanjian, Beirut 2017

344) 28. Qb8+ Kd7 29. Qc8+ Kd6 30. Qc7# Bogosavljevic-Benkovic, Ruma 2017

345) 35. Bh6+
a) 35...Qxh6 36. Rg8#
b) 35...Bg7 36. Rf4+ Qf6 37. Qf6#
c) 35...Qg7 36. Qxf6+ Kg8 37. Qxg7#
Zamora-Cabrera, Merida 2017

346) 24. Ba3+ Qd6 25. Bxd6+ Re7 26. Bxe7# Michalik-Kyc, Katowice 2017

347) 52...Qe2+
a) 53. Kg1 Nf3+ 54. Kh1 Qh2#
b) 53. Kh1 Qf1+ 54. Kh2 Nf3#
Guerreiro-Ortega, Figueira da Foz 2017

348) 20...Qg3 21. Rf2 Qxf2 22. h3 Rxh3# Mueller-Tari, Douglas 2017

349) 27. Rxg7+ Kh8 28. Rh7+ Kg8 29. Rh8# Savina-Sonis, Cap d'Agde 2017

350) 56. Rf7+
a) 56...Kg8 57. Ne7+ Kh8 58. N5g6#
b) 56...Ke8 57. Nd6+ Kd8 58. Nc6#
Brozel-Turgut, Montevideo 2017

351) 26...Rf2 27. Bxg6+ Kxg6 28. Rg1 Rh2# Chashchev-Shirshov, Saint Petersburg 2017

352) 43. Qf7+ Kh8 44. Qf8+ Kh7 45. Nf6# Montoyo-Fronda, Bacolod City 2017

353) 39...Rg1+
a) 40. Kh3 Rh1+ 41. Kg3 Qh2#
b) 40. Kh4 Qh2+ 41. Kg5 h6#
Rego-Astaneh, Figueira da Foz 2017

354) 68...a1Q+ 69. Ke2 Qd1+ 70. Kf2 Rd2# An alternative is 68...a1R+ 69. Ke2 Rad1 70. Kf2 R8d2#
Li-Hovhannisyan, Erevan 2017

355) 49...Qh1+ 50. Qg1 Qh3+ 51. Qg2 Qxg2# Miezis-Bednarek, Katowice 2017

356) 37...Qb1+ 38. Bc1 Qxc1+ 39. Bf1 Qxf1# Lingur-Payen, Saint Petersburg 2017

357) 59. f7 Rf3 60. Kxf3 b1Q 61. f8Q# Turner-Wan, Lund 2017

358) 40.g5+
a) 40...Kh7 41. Nf6+ Kg7 42. Rg8#
b) 40...Kh5 41. Nf6#
Pena Gomez-Zylka, Katowice 2017

359) 44. g4+ Kf4 45. g5+ Kf5/Kf3 46. Qg4# Pena Gomez-Mis, Katowice 2017

360) 37. Qb2+(Qc3+ is equivalent) Be5 38. Qxe5+ Rg7 39. Rf8# Brunello-Jussupow, Katowice 2017

361) 74. d7+ Kd8 75. Kd6 h3(or any other black move) 76. Rh8# Artemiev-Le Quang Liem, Huaian 2017

362) 64. Kd6 Ra6 65. Ba5+ Rxa5 66. c7# Mnguni-Bhawoodien, Cape Town 2017

363) 34...Bh3+
a) 35. Kxh3 Qf1+ 36. Kh4 Bf6#
b) 35. Kf3 Qf1+ 36. Ke4 Bg2#
Bryakin-Rjabzev, Saint Petersburg 2017

364) 63...Bf1 64. Bc6 Bg2+ 65. Bxg2 hxg2# Psyk-Meissner, Katowice 2017

365) Black to play 61...Rf4+ 62. Ke2 Qf1+ 63. Ke3 Qf3# Bosboom-Van Meegen, Netherlands 2017

366) 33...Re2+ 34. Bxe2 Rxc3+ 35. Kb2 Qc1# Hesse-Foerster, Berlin 2017

367) 45...Qd3+ 46. Ke1 Rb1+ 47. Qc1 Rxc1# Schulz-Fedorchuk, Katowice 2017

368) 37...Rd2+ 38. Qg2 Rxg2+ 39. Kxg2 Qhf2# Ponkratov-Pulpan, Katowice 2017

369) 34...Qxg4+ 35. hxg4 Rxg4+ 36. Kh2 Rg2# Miezis-Klabis, Katowice 2017

370) 35...Rh1+ 36. Kf2 Rh2+ 37. Kg1(Ke1 Qxe2#) Qg2# Pajeken-Vasquez, Sitges 2017

371) 65. Qe7 Kh8 66. Kf6 Kg8 67. Qg7# Ding Liren-Le Quang Liem, Huaian 2017

372) 38. Re8+ Rxe8 39. Qxh6+ Kg8 40. Qxg7# Danielian-Hoang, Hersonissos 2017

373) 36. Qg8+ Ke7 37. Qe6+ Kf8 38. Qf7# Gonda-Bokros, Budapest 2017

374) 67. Qf7 Kc8 68. Kc6
a) 68...g4 69. Qe8#
b) 68...Kb8 69. Qb7#
Hua-Parle, Ahmedabad 2017

375) 68...b2 69. h8Q+ Nxh8 70. g5 b1Q# Crocker-Zakarian, London 2017

376) 44. g4+ fxg4 45. hxg4+ Kh4 46. Rh6# Zhang-Fang, Shenzhen 2017

377) 28. Bxf7+ Kg7 29. Bd5+
a) 29...Kf6 30. Qe5#
b) 29...Kh6 30. Qh4#
Ning-Shen, Shenzhen 2017

378) 41...Qa1+ 42. Bd1 Qxd1+ 43. Qe1 Qxe1# Wieczorek-Krasenkow, Wroclav 2017

379) 39...Bh3+ 40. Kh2 Qf2+ 41. Kxh3 Rh1# Kulon-Atalik, Wroclaw 2017

380) 32. Qh8+ Qg8 33. Nh7+ Kf7 34. Qf6# 32. Qh6+ Kg8 33. Qxg6+ Kf8 34. Nh7# is identical. Sundararajan-Marusenko, London 2017

381) 39. Rf8+ Kh7 40. Bf5+ Kh6 41. Rh8# Hentunen-Nivala, Finland 2017

382) 37. Qf6+ Kh5 38. Bf3+ g4 39. Bxg4# Khotenashvili-Khomeriki, Tbilisi 2017

383) 34...Rh5+ 35. Bxh5 Ng5+ 36. Kh4 Ng2# Brunello-Valsecchi, Cosenza 2017

384) 47...Rc2+ 48. Ke1 Qf2+ 49. Kd1 Qe2# 47...Qd1+ is an alternative:
a) 48. Kf2 Qe1+ 49. Kg2 Qg1#
b) 48. Ke3 Qe1+ 49. Kd3 Rc3#
Yu-Abdumalik, Tarvisio 2017

385) 34...Rh2+ 35. Kf1 Rh1+ 36. Ke2 Qh2# Carlsen-Grischuk, Chess.com 2017

386) 36. Nxf8++
a) 36...Kh6 37. Qh7+ Kg5 38. Qh5#
b) 36...Kg7 37. Qg6+ Kxf8 38. Qf7#
An alternative is 36. Nxe7+ Kh6 37. Qh5+ Kg7 38. Nf5# Piesik-Kaczmarek, Katowice 2017

387) 52...Rh2+
a) 53. Nh3 Rhxh3+ 54. Kg5 Rbg3#
b) 53. Kg4 h5#
Bogumil-Berend, Acqui Terme 2017

388) 39. Qh8+ Ke7 40. Qd8+ Ke6 41. Qf6# Murshed-Chakravarthi, Puchong 2017

389) 24. Qxh7+ Kxh7 25. Rh4+ Bh6 26. Rxh6+ Kg8 27. Rh8# Ramirez-Alvarez, Panama City 2017

390) 27. Qe5+ Kg8 28. Rh8+ Kf7 29. Rh7+ Kf8 30. Qh8# Neimer-Yip, Saint Louis 2017

391) 40. Rxg7+
a) 40...Kf5 41. Re5+ Kf6 42. Ree7+ Kf5 43. Rg5#
b) 40...Kh6 41. Re6+ Kh5 42. Rg5#
c) 40...Kh5 41. Rg5+ Kh6 42. Re6#
Edouard-Kaasen, Sitges 2017

392) 39. f6 Qxe2+ 40. Kxe2 Re7 41. Qxe7 c4 42. Qg7# Meier-Kovalev, Saint Louis 2017

393) 39...Qd6+ 40. Kf5 Qf4+ 41. Ke6 Qe4+ 42. Kf6 Bd4# Zwardon-Tari, Katowice 2017

394) 28...Rxf1+
a) 29. Rxf1 Qxd4+ 30. Rf2 Qxf2+ 31. Kh1 Nxg3#
b) 29. Kxf1 Nxg3++ 30. Kg1 Qf2#
Zwardon-Fedorchuk, Katowice 2017

395) 35. Bf5+
a) 35...Bxf5 36. Qxf5+ Kh6 37. Qg5+ Kh7 38. Qxh5#
b) 35...Kh8 36. Qh6+ gxh6 37. Rh7#
Batashevs-Maier, Katowice 2017

396) 37. Kg6 Nd7 38. Rxd7 Rd3 39. Rxd3 h3 40. Rd8# Navara-Berzina, Katowice 2017

397) 40...Rf2 41. Bf1 Qf3+ 42. Kg1 Qxg3+ 43. Kh1 Qh2# Pourramezanali-Yu Yangyi, Tbilisi 2017

398) 59. g6 Kf8 60. Ke6 Rd1 61. Rb8+ Rd8 62. Rxd8# Korotylev-Dzhumagaliev, Sochi 2017

399) 30. Bf6+ Nxf6 31. Qg7+ Ke8 32. Bg6+ Rf7 33. Qxf7# Kjartansson-Oyama, Douglas 2017

400) 37...Qh3+
a) 38. Kf4 Qf5+ 39. Kg3 Rg1+ 40. Kh4 Qg4#
b) 38. Ke4 Qf5#
Peric-Borisek, Slovenia 2017

401) 56. Re6+ Kh5 57. Qh7+ Kg5 58. Qh6+ Kf5 59. Qg6# Speelman-Gharamian, London 2017

402) 71...Kh3 72. Qxg5 Qf1+ 73. Qg1 Qf3+ 74. Qg2 Qxg2# Kudischewitsch-Zoler, Herzliya 2017

403) 21. Rxf7+ Kxf7 22. Qxh7+
a) 22...Kf8 23. Qh8+ Kf7 24. e6#
b) 22...Ke6 23. Bh3#
Lagashin-Tokranovs, Lvov 2017

404) 24. Bd5+ Ke8 25. Rb8+ Qd8 26. Qe6+ Re7 27. Qxe7# Gourlay-Stanisz, London 2017

405) 85. Re8(other retreats along the 8th rank are equivalent) Rg2 86. Bg6+ Rxg6 87. fxg6+ Kh6 88. Rh8# Cheparinov-Ponkratov, Mali Losinj 2017

406) 46. Kh2 Bf8 47. Rxf8 Qg2+ 48. Kxg2 e4 49. Rh8# But not 46. Kh3?? Qh1# or 46. Kg1 Qe1+ Yuan-Xu, Shenzhen 2017

407) 39...Qxf3+ 40. Rxf3 Re1+ 41. Rf1 Rxf1+ 42. Kg2 Rg1# Balashov-Jansa, Acqui Terme 2017

408) 39...Rxg4+ 40. hxg4 g5+ 41. Kh5 Qh2+ 42. Qh3 Qxh3# Rozman-Janzelj, Tarvisio 2017

409) 44...Qc2+ 45. Kf1 Qd1+ 46. Kf2 Qe1+ 47. Kg2 Qg1# Carlicic-Bozic, Novi Sad 2017

410) 58. Ra8+ Rb8 59. Rxb8+ Kh7 60. g6+ Kh6 61. Rh8# Marjanovic-Trifan, Arad 2017

411) 22...Qh2+ 23. Kf1 Re2 24. Qxh7+ Kxh7 25. Re1 Qg2# Pit-Rada, Ardelean, Baile Govora 2017

412) 41. Nf6 Rc7 42. Rxc7 Nf7 43. Rxf7 a1Q 44. Rh7# Makhnyov-Salomon, Tarvisio 2017

413) 27...Qh3+ 28. Kg1 Bxf2+ 29. Qxf2 Rbxf1+ 30. Qxf1 Rxf1# Hros-Haring, Slovakia 2017

414) 46. Ba3+ Kf7 47. Qd7+ Kg8 48. Qe8+ Kg7 49. Qf8# Rigo-Naigebauer, Slovakia 2017

415) 61...Ke6
a) 62. h8N Kf6 63. Nf7 Qxf7+ 64. Kh8 Qg7#
b) 62. Kf8 Qxh7 63. Ke8 Qe7#
c) 62. h8Q Qf7#
Glimbrant-Chueca, Sitges 2017

416) 26. Rxe8+ Kxe8 27. Qxe5+
a) 27...Kf8 28. Qe7+ Kg8 29. Qe8#
b) 27...Kd7 28. Qd6+ Kc8 29. Ne7#
Blomqvist-Mikalsen, Fornebu 2017

417) 110. Rc8 Kg8 111. Rxe8+ Kh7 112. Ra8 Kh6 113. Rh8# Bocharov-Kezin, Sochi 2017

418) 53...Kh6 54. Qe3+ Qxe3 55. Nf4 Qf2+ 56. Ng2 Qxg2# 53...Kxg6?? is a mistake, due to 54. Qh7+ Kg5 55. Qh5+ Kxh5 with stalemate. Markos-Hammer, Hersonissos 2017

419) 50. Be6 g4 51. Bf5+ Kg5 52. Qg7+ Ng6 53. Qxg6# Di Benedetto-Ozturk, Hersonissos 2017

420) 25. Ng6+
a) 25...Kh7 26. Ne7+ Bf5 27. Bxf5+ Kh8 28. Rf8#
b) 25...Kg8 26. Rf8+ Kh7 27. Rh8# Raahul-Pijpers, Vlissingen 2017

421) 41. Nd6+ Kd8 42. Qe8+ Kc7 43. Qe7+ Kb6 44. Qb7# Draskovic-Nilssen, Hersonissos 2017

422) 36. Qxf6+ Rxf6 37. Rd8+ Qe8 38. Rxe8+ Rf8 39. Rxf8# Szczep-Maisch, Stuttgart 2017

423) 26...Qh1+ 27. Kf2 Rf8+ 28. Rf3 Rxf3+ 29. Ke2 Qxf1# Merkesvik-Hillarp Persson, Helsingor 2017

424) 48...Qc1+ 49. Qd1 Qxd1+ 50. Rg1 Rh2+ 51. Kxh2 Qxg1# 48...Qxg3?? is a big mistake, because of 49. Qe8+ Kg7 50. Qg8+ and Qxg3 Strozewski-Jumabayev, Tegernsee 2017

425) 56. Rg8 Rxa4 57. f7 Rf4 58. f8Q+ Rxf8 59. g5# Svane-Godena, Hersonissos 2017

426) 48. Qc8+(not allowing the king to run via f5) Kd6 49. Rd7+ Ke6 50. Rc7+ Kd6 51. Qd7# Vastrukhin-Vunder, Saint Petersburg 2017

427) 45...Qe1+ 46. Kg2 Rc2+ 47. Qd2 Rxd2+ 48. Kh3 Bf1# Hrabal-Krejca, Czech Republic 2017

428) 42. Rxg7+
a) 42...Kf8 43. Rg8+ Kf7 44. Qxd5+ Qe6 45. R1g7#
b) 42...Kh8 43. Rg8+ Kh7 44. Rh8+ Kxh8 45. Qg8#
Hentunen-Jarvenpaa, Finland 2017

429) 32...Qxg3+ 33. Kh1 Qxh4+ 34. Kg1 Qf2+ 35. Kh1 Qxg2# Gunnarsson-Arnason, Reykjavik 2017

430) 39...Qf4+ 40. Kh1 Qh4+ 41. Qh2 Qxe1+ 42. Qg1 Qxg1# Ong-Cuenca Jimenez, Sweden 2017

431) 57...Kh4+
a) 58. Kf1 Qg1+ 59. Ke2 Qf2+ 60. Kd1 Qd2#
b) 58. Kf3 Qg4#
Equivalent is 57...Kf4+
Steczek-Lewtak, Szklarska Poreba 2017

432) 33...Qf3 34. Qxg6+ fxg6 35. Nxe3 Qxg3+ 36. Kh1 Qg1# Medak-Saric, Mali Losinj 2017

433) 43. Nh6+ Kh8 44. Qf8+ Kh7 45. Qg8+ Kxh6 46. Qh8# Patrascu-Haria, Montevideo 2017

434) 49...Re1+
a) 50. Rxe1 Rxe1+ 51. Nxe1 Qd1+ 52. Bc1 Qxc1#
b) 50. Bc1 Qc3+ 51. Kb1 Qxc1#
Nguyen-Kokje, Dortmund 2017

435) 35. Qxa7+ Qb7 36. Qxb7+ Rc7 37. Qxc7+ Bd7 38. Qxd7# Neelotpal-Jessel, Douglas 2017

436) 29. Qg7+ Kg5 30. f4+ Kg4 31. h3+ Kh5 32. Qxh7# An alternative is 29. Qf8+ Kg5 30. f4+ Kh5 31. Rxh7+ Kg4 32. h3# Ganguly-Gonzalez de la Torre, Linares 2017

437) 79. Qa3+
a) 79...Kc2 80. Qa4+ Kd2 81. Qb2+ Ke1 82. Qe2#
b) 79...Kd2 80. Qb2+ Kd1 81. Qa4+ Ke1 82. Qe2#
Pluzyan-Davtyan, Erevan 2017

438) 61...Bb3+ 62. Kc1 d2+ 63. Kb2 d1Q+
a) 64. Kc3 Qd3#
b) 64. Ka3 Ra2#
Mazurkiewicz-Kitir, Fuengirola 2017

439) 59. Rxg7+ Qxg7 60. Nf6+
a) 60...Kh8 61. Qe8+ Qf8 62. Qxf8#
b) 60...Kh6 61. Qh5#
Grigoriadis-Kofidis, Nikaia 2017

440) 23...Rxh2+ 24. Kxh2 Qh5+ 25. Kg2 Qxf3+
a) 26. Kf1 Qxf2#
b) 26. Kh2 Rh5#
Delithanasis-Stathopoulos, Nikaia 2017

441) 68. Rh2+ Kg8 69. Be6+ Kf8 70. Rh8+ Rg8 71. Rxg8# Gheng-Latzke, Stuttgart 2017

442) 35...Rxc3(c1Q# threatens)
a) 36. Kxc3 c1Q+ 37. Kd3 Qd2+ 38. Kc4 Rb4#
b) 36. Kc1 Rb1+ 37. Kd2 c1Q+ 38. Ke2 Rb2#
c) 36. Ke1 c1Q+ 37. Bd1 Qd2+ 38. Kf1 Qxd1#

Juhasz-Gonda, Budapest 2017

443) 34. Ne7+
a) 34...Kh7 35. Qxf7+ Ng7 36. Qxg6+ Kh8 37. Qh6#
b) 34...Kf8 35. Nxg6+ Kg8 36. Qh8#
Drazic-Hadzovic, Sarajevo 2017

444) 57. Kd7 Be5 58. dxe5 Nxe5+ 59. Bxe5 b5 60. Bg7# Shimanov-Kozionov, Saint Petersburg 2017

445) 91. Bh6+ Kg8 92. f7+ Kh7 93. f8Q Kg6 94. Qg7# Lehmann-Sandten, Dortmund 2017

446) 34. Qxh5+ Qh6 35. Qxf7+ Rg7 36. Rxg7+ Kh8 37. Rg8# Munoz-Eizaguerri, Barcelona 2017

447) 59. Nf7+
a) 59...Kg8 60. Ra8+ Rb8 61. Rxb8− Kh7 62. Rh8#
b) 59...Kh7 60. Ng5++ Kxh6 61. Rh7#
Yu-Gao, China 2017

448) 40...Qf2+
a) 41. Kd3 Re3+ 42. Kd4 Qd2+ 43. Kc4 Qc3#
b) 41. Kc4 Qc2+ 42. Kd4 Re4#
Mesaros-Wertjanz, Graz 2017

449) 51...Bxf3+ 52. Kf1 Qe2+ 53. Kg1 Qd1+ 54. Be1 Qxe1# Friedel-Hopman, Bayerisch Eisenstein 2017

450) 44. Rd8 Rxg5+ 45. hxg5 Qf7 46. Qxf7 b4 47. Qg8# Zhou-Gao, China 2017

451) 34. Kg2(threatening Rh1 mate)
a) 34...Qe5 35. Rh1+ Qh5 36. Rxh5+ Kxh5 37. Qh4#
b) 34...Qe4+ 35. Bxe4 Kh5 36. Qh4#
Hauchard-Villegas, Pardubice 2017

452) 41...Rxb2+ 42. Kxb2 Qd2+ 43. Ka1 Qc1+ 44. Ka2 Qa3# Sonis-Sasikiran, Helsingor 2017

453) 35...Be3+ 36. Kf3 Bd4+ 37. Kg2 Qe2+ 38. Kh1 Qf3# Roorda-Beukema, Dieren 2017

454) 35. Qh3+ Qh4 36. Qxh4+ Rh7 37. Bxe5+ Rgg7 38. Qd8# Pantzar-Carlsson, Vaxjo 2017

455) 42. Qh8+ Rh7 43. Rxg6+ Rxg6 44. Rxg6+ Kxg6 45. Qf6#
A transposition is 42. Rxg6+ Rxg6 43. Qh8+ Fernandez-Kobo, Paracin 2017

456) 68. Qe2+
a) 68...Kg1 69. Kg3 Qh3+ 70. Kxh3 Kh1 71. Qg2#
b) 68...Kh3 69. Qg4+ Kh2 70. Qg3# Christiansen-Schroeder, Helsingor 2017

457) 45...Rh7
a) 46. Rf2 Rh1+ 47. Bxh1 Qg1+ 48. Ke2 Qe1#
b) 46. Bxf3 Qxf3+ 47. Rf2 Rh1#
c) 46. Bd2 Rh1+ 47. Bxh1 Qg1#
Fossum-Nijboer, Leiden 2017

458) 20. Qf7+ Kh8 21. Qg6
a) 21...Nf6 22. Rxf6 Qxf6 23. Qh7#
b) 21...Ng5 22. Bxg5 Qxg5 23. Qh7#
Erden-Koc, Konya 2017

459) 45. Qg7+
a) 45...Ke8 46. Nf6+ Kd8 47. Qf8+ Qe8 48. Qxe8#
b) 45...Ke6 46. Nf4#
Maslak-Galchenko, Pardubice 2017

460) 37. Nf6+
a) 37...gxf6 38. Qd7+ Nf7 39. Qxf7+ Kh8 40. Qg7#

b) 37...Kh8 38. Qd8+ Ng8 39. Qxg8# Kulaots-Franssila, Jyvaskyla 2017

461) 36...Be5+ 37. f4 Bxf4+ 38. Kh3 Qh1+ 39. Rh2 Qxh2# Grant-Hebden, Dundee 2017

462) 57...Qd1+ 58. Kb2 Qa1+ 59. Kc2 Qb1+ 60. Kd2 Qd1# Jarvenpaa-Moiseenko, Jyvaskyla 2017

463) 40. Rh7+ Kg8 41. Be6+ Rf7 42. Rxh8+ Kg7 43. Qh6# Lokander-Louis, Paris 2017

464) 50...Nf2+ 51. Kh4 Qe4+ 52. Kg5 Qg4+ 53. Kh6 Qh5# Also possible in above line is 52...Nh3+ 53. Kh6 Qe3# Stewart-Jackson, Wokefield 2017

465) 33. Nd6+ Qe4 34. Bxe4+ Kh5 35. Rh7+ Kg4 36. h3# Grafl-Tejaswini, Barcelona 2017

466) 42. Rf7 Rf5 43. Qxf5 Qxd5 44. cxd5 c4 45. Qh7# Gonzalez-Eggleston, Barcelona 2017

467) 30...Rxg2+ 31. Kh1 Rh2+ 32. Kxh2 Qxg3+ 33. Kh1 Nf2# Tsydypov-Lugovskoy, Sochi 2017

468) 39. Qg8+ Kh6 40. Qh8+ Kg5 41. h4+ Qxh4 42. Qxh4# Hovhanisian-Roos, Niel 2017

469) 58...Qg5+
a) 59. Kh7 Ke7 60. f8Q+ Kxf8 61. Kh8 Qh6#
b) 59. Kf8 Ke6 60. Ke8 Qe7#
Shalamberidze-Boehm, Batumi 2017

470) 38. Qg3+
a) 38...Kh5 39. Re5+ f5 40. Rxf5+ g5 41. Qxg5#

b) 38...Kf5 39. Re5+ Kf6 40. Qg5#
Pultinevicius-Shubin, Panevezys 2017

471) 37...Qc6+
a) 38. Rf3 Rg1+ 39. Kh2 Qxf3 40. Qxf5 Rh1#
b) 38. Kh2 Qh1+ 39. Kg3 Rg1+ 40. Kf4 Qe4#
37...Qb7+ is identical. Sengupta-Dragun, Teplice 2017

472) 35...Qe2+ 36. Kg1 h3 37. Re7+ Kxe7 38. e4 Qg2# Syed-Goossens, Lambsheim 2017

473) 39...Qg1+ 40. Kh3 g4+ 41. Kh4 Qh2+ 42. Bh3 Qxh3+ 43. Kg5 Qh6# Mikhailov-Purygin, Sochi 2017

474) 42. Ne5+
a) 42...Kg8 43. e8Q+ Kh7 44. Qg6+ Kg8 45. Rb8+ Rd8 46. Rxd8#
b) 42...Ke8 43. Rb8+ Rd8 44. Rxd8# Zwardon-Berchtenbreiter, Katowice 2017

475) 94. Bd7 Kg8 95. Be7 Kh8 96. Bd6 Kg8 97. Be6+ Kh8 98. Be5# Dimakiling-Sivakumar, Johor 2017

476) 31...Qh2+ 32. Ng2 fxg2+ 33. Qf7 Rxf7+ 34. Ke3 g1Q+ 35. Rxg1 Qe2# Moussard-Beinoras, London 2017

477) 37...Ne2 38. Qh6+ Kxh6 39. Bg2 Ng3+ 40. hxg3 Qh5+ 41. Bh3 Qxh3# Gelfand-Inarkiev, Palma de Mallorca 2017

478) 45. Ng5+ Qc7 46. Qxc7+ Ne7 47. Qxe7+ Kg6 48. Qf7+ Kxg5 49. h4# If 45...Kf6, then 46. Qf7+ Ke5 47. Qe6# Moeller-Hahlbohm, Berlin 2017

479) 35. Rd7+

a) 35...Ke8 36. Qxg7 Nxd7 37. Rxd7 Qxf3+ 38. gxf3 Rxb2 39. Qe7#
b) 35...Nxd7 36. Rxd7+ Ke8 37. Qxe6+ Kf8 38. Qf7#
Ashiku-Ermeni, Hersonissos 2017

480) 42. Qd8+ Kg7 43. Qxf6+ Kh6 44. Qg5+ Kg7 45. Rxf7+ Kh8 46. Qd8# Zhai-Eryshkanova, Saint Petersburg 2017

481) 32...Bf1 33. Qxf7+ Kxf7 34. h3 Bxg2+ 35. Kh2 Bf1+ 36. Kh1 Qh2# Collas-Srebrnic, Monaco 2017

482) 41. Rxg7+ Kxg7 42. Kxf5+ Rd4 43. Bxd4+ Kf7 44. Qe7+ Kg8 45. Qg7# Li-Bruaset, Stavanger 2017

483) 64...Rd3+ 65. Bf3 Rxf3+
a) 66. Qxf3 Qxf3+ 67. Kh4 Be7+ 68. g5 Bxg5#
b) 66. Kg2 Qxg4+ 67. Kh1 Rf1# Bezgodova-Pogonina, Sochi 2017

484) 47...Qf3+ 48. Kg1 Bf2+ 49. Kf1 Bg3+ 50. Kg1 Qf2+ 51. Kh1 Qh2# Beliotis-Nikolaidis, Nikaia 2017

485) 29...Ra3+
a) 30. Qb3 Rxb3+ 31. Kxb3 Nd3+ 32. Kc2 Qb2+ 33. Kd1 Qc1#
b) 30. Kd2 Qxe3+ 31. Kd1 Ra1+ 32. Qc1 Rxc1#
Xiong - Vachier-Lagrave, Chess.com 2017

486) 42...d2 43. Qg1(Qxd2 Rf1#, cxb8Q dxc1Q#) Qxc7 44. e5 Qc1 45. e6 Qxg1+ 46. Kxg1 Rf1# Malinowski-Bugalski, Polanica Zdroj 2017

487) 38. f6 Rb1+ 39. Kg2 Rg1+ 40. Kxg1 Rc7 41. Rxc7 bxc2 42. Rg7#

148

Karasev-Shinkevich, Saint Petersburg 2017

488) 58. Qe8+ Kh7 59. Qf7+ Kh8 60. Qxf6+ Kh7 61. Qe7+ Kg8 62. Rf8#
Ciorica-Gavrilescu, Arad 2017

489) 29. Nf6+ Kh8 30. Bxf8 Qxf2+ 31. Kxf2 Ng4+ 32. Bxg4 Bb7 33. Bg7#
Duong-Beaulieu, Quebec 2017

490) 39. Be4+ Kg8 40. Qxe6+ Kh8 41. Rxf8+ Rxf8 42. Qxh6+ Kg8 43. Qh7#
Morales-Cuenca, Linares 2017

491) 31...Qxa3+ 32. Kb1 Qb3+ 33. Bb2 Qc2+ 34. Ka1 Ra8+ 35. Ba3 Rxa3# Poleksic-Maric, Belgrade 2017

492) 24. Qb4+ Nc5 25. Qxc5+ Bd6 26. Qxd6+ Kg8 27. Bd5+ Qe6 28. Bxe6#
Suarez Garcia-Cifuentes Parada, Linares 2017

493) 25. Qd6+ Kg8 26. Ne7+ Kf8 27. Nxc8+ Kg8 28. Qd8+ Ne8 29. Qxe8#
Palliser-Grant, Llandudno 2017

494) 29. Qh6
a) 29...f5 30. Nf6+ Kf7 31. Qxh7+ Kf8 32. Qg8+ Ke7 33. Qg7#
b) 29...Qe7 30. Nf6+ Qxf6 31. exf6 Kh8 32. Qg7#
c) 29...Qf8 30. Nf6+ Kh8 31. Qxh7#
Terhorst-Strangmueller, Bayerisch Eisenstein 2017

495) 28...Bf3 29. Rb1 Nxb1 30. Be1 Rd1 31. Kf1 Nd2+ 32. Kg1 Rxe1#
Ahmed-Arjun, Barcelona 2017

496) 36. Qe5 f6 37. Rxg7+
a) 37...Kh8 38. Qxf6 Qxd6 39. Rh7++ Kxh7 40. Qg7#
b) 37...Kf8 38. Qxf6+ Ke8 39. Qe7#

c) 37...Kxg7 38. Qxf6+ Kg8 39. Qg7#
Akash-Gonzalez, Barcelona 2017

497) 31...Ba6+
a) 32. Qb5 Bxb5+ 33. Rac4 Qxc1+ 34. Kf2 Qe1+ 35. Kf3 Qe2#
b) 32. Qxa6 Qxc1+ 33. Kf2 Qe1+ 34. Kf3 Qe3#
Moravich-Akash, Barcelona 2017

498) 46. Qe5+ Kh7 47. Qf5+ Kh8 48. Qf6+ Kh7 49. Qg6+ Kh8 50. Qxh6#
Sebastian-Kneip, Lueneburg 2017

499) 34. Qg5+
a) 34...Qg6 35. Rc7+ Kf8 36. Qd8+ Qe8 37. Qf6+ Kg8 38. Qg7#
b) 34...Kf8 35. Rc8+ Qe8 36. Qf6+ Kg8 37. Rxe8#
Ribli-Timman, Platja d'Aro 2017

500) 73. Kf7 Bf8 74. g7+ Bxg7 75. fxg7+ Kh7 76. g8Q+ Kh6 77. Qg6#
Yilmazyerli-Mammadov, Ankara 2017